中国共产党延安时期史话

丛书主编　陈答才

延安时期
重要会议史话

第二册

孙　云　主编

陕西新華出版　陕西人民出版社

图书在版编目（CIP）数据

延安时期重要会议史话 / 孙云主编. -- 西安 : 陕西人民出版社, 2024. --（中国共产党延安时期史话）.
ISBN 978-7-224-15575-4

Ⅰ. D220

中国国家版本馆 CIP 数据核字第 20247B2D10 号

出 品 人： 赵小峰
总 策 划： 关　宁
出版统筹： 韩　琳
策划编辑： 王　倩
　　　　　　晏　藜
责任编辑： 武晓雨
装帧设计： 白明娟

延安时期重要会议史话
YAN'AN SHIQI ZHONGYAO HUIYI SHIHUA

主　　编 孙　云
出版发行 陕西人民出版社
（西安市北大街 147 号　邮编：710003）
印　　刷 中煤地西安地图制印有限公司
开　　本 850 mm × 1168 mm　1/32
印　　张 7.125
字　　数 180 千字
版　　次 2024 年 12 月第 1 版
印　　次 2024 年 12 月第 1 次印刷
书　　号 ISBN 978-7-224-15575-4
定　　价 39.80 元

序言

任晓伟

现在，呈现在读者朋友们眼前的是由党史专家陈答才教授主编的一套关于延安时期中国共产党历史和理论的通俗性丛书。我参加了关于这套丛书内容的一些设计和讨论，因此非常希望在这套丛书付梓之际，和读者朋友们交流一下这套书的缘起和编写初衷。

延安时期是中国共产党百余年筚路蓝缕奋斗史上一个重大的关键阶段和关键时期。越是往前走，回头看这个时期，就越感觉这 13 年历史的厚重。作为中国共产党由小到大、由弱到强、由区域性执政向全国范围内执政的转折期，中国共产党延安时期创造性地正式形成了一个伟大的思想，即马克思列宁主义基本原理与中国革命具体实际相结合的产物——毛泽东思想；越来越自信地走出了一条全新的革命道路，即新民主主义革命道路；在弘扬伟大建党精神过程中，培育出了一个全新的精神形态，即延安精神；描绘出了一个伟大的梦想，即通过新民主主义向社会主义过渡，建设一个光明的中国并努力推动形成一个光明的世界。这四个方面的伟大成就，在客观上决定了延安时期不仅属于历史，也属于现实和未来，在中国共产党领导人民进行的中国革命史上具有恒久的意义。习近平总书记在庆祝中国共产党成立 100 周年大会上的重要讲话中指出："一百年来，中国共产党团结带领中国人民进行的一切奋斗、一切牺牲、一切创造，归结起来就是一个主题：实现中华民族伟大复兴。"放置在民族复兴的百年进程的整体背景中来看，延安时期也是一个熠熠生辉的阶段，是中国共产党领导人民重新确立民族自信和人类情怀，在推动民族复兴中取得重大历史成就并奠定了后来接续奋斗的重要历史基础。

自 1948 年 3 月中共中央离开陕北，至今已经 70 多年的时间了。在此后的发展中，不管是在什么样的发展阶段，处于什么样的发展时期，面对什么样的发展任务，说不完道不尽的延安时期是始终萦绕在中国共产党人头脑中的深刻历史记忆和强大精神感召。对于党史研究工作者来说，延安时期始终是一座学术富矿，对于陕西的党史研究工作者来说更是这样的。基于对延安时期重要意义的认识，长期以来我们利用学科、学术和区位优势，努力不断推动对延安时期党的历史和理论的学理性阐述和理论宣传，与时俱进地推动对延安时期的研究。

我们选择了六个角度——马克思主义理论文献、马克思主义中国化、党的建设、统一战线、重要会议、爱国主义，作为研究对象展开研究。应该说，这六个方面是贯穿于延安时期党的历史中的基本方面，长期以来构成了人们研究的重要对象。今天，在习近平总书记关于党史重要论述指导下，以通俗的方式对这些基本方面进行系统整理和学术呈现，对于整体上推动延安时期的研究也是一次有益的尝试。

这套丛书除了它的学术价值外，还有教学价值和宣传价值。这些年来，我们不断地推动将延安时期中国共产党的历史融入教学，特别是融入高校思想政治课教学的探索。一方面，在“四史”教学和党史教育中，不断加强对延安时期党史教学的重视，另一方面，在推动建设高校思想政治课选修课程中设置“党中央在延安十三年史”等新课程。在这个过程中，我们逐渐萌生了一个想法，就是如何能够编写出一套既有学理性又比较通俗的系列著作，这既是对教学效果的巩固，又奠定了进一步提高教学质量的基础，同时也能探索出一条集教学、学术和宣传一体化的关于延安时期党的历史和理论研究的新道路来。最早提出这一想法的是本丛书的负责人陈答才教授。这两年来，他不断地给我说明这一想法，希望我能够组织学院的力量完成这一看似简单却并不容易的事情，而且他多次主动请缨，愿意负责这套丛书的整体设计和后期修改完善的工作，体现出一个前辈所秉持的学术集体主义和团队精神以及通过学术传承来扶掖后学的深厚情怀。

哲学上说，只有认识了事物，才能真正地理解事物。确实是这样的。在陈答才教授的一再推动下，我也开始认识到这一工作的重要性，尤其是在负责学校党史教学开展过程中越来越感觉到这一工作的重要性。在大家达成共识的基础上，我们开始组织起来开展研究。经过一年多的努力，终于形成了目前的这套丛书。在这个过程中，我们对如何聚焦主题研究开展团队合作也有了新的更深刻的认识，对在新的理论条件下如何阐释延安时期党的光辉历史、理论创新和延安精神，也有了更多更深入的把握。在这个意义上，这套丛书也是对如何讲好“延安故事”的一次新探索，相信这一探索对于后续的相关研究和教学会产生重要的影响。

2024 年 10 月

目录

引言

学史知史
汇聚力量

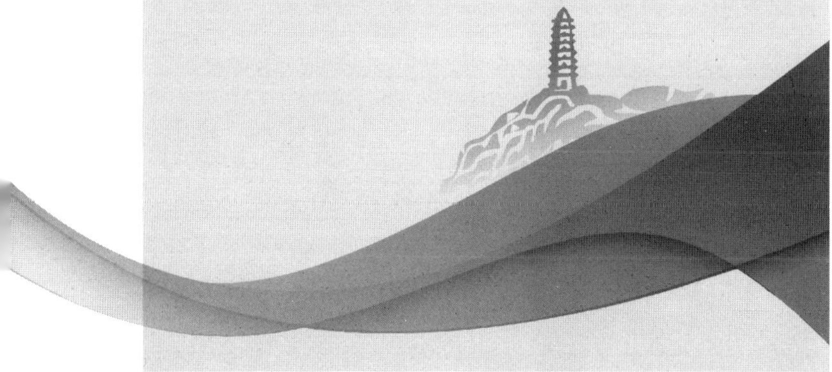

1946年，美国纽约《先锋论坛报》记者斯蒂尔访问延安后深有感触地说：“第一，共产党常常说的为人民服务，在延安所亲见的各种具体事实，我认为这是货真价实的；第二，不到延安，实在不能深触到中国问题的内脏；第三，我要是在延安住上十一天，那我一定也将变成一个共产主义者。”延安，是中国革命的圣地，它深刻地改写了20世纪中国革命的历史进程；延安，是新中国前期的“实验场”，它在局部执政条件下创设的“理想之国”，从政治基因上决定了现代中国诸方面独特的发展模式；延安，更是中国精神的丰碑，它建构的新意识和成体系的价值观，全面塑造了中华民族精神新面貌，已成为并将继续成为民族复兴道路上强大的精神动力之一。

党的会议，是党史的重要内容，在党的历史发展中具有举足轻重的地位与作用。延安时期，中国共产党召开的一系列会议，是在面临着自身生存、革命和抗日三重压力下，在党的纲领、路线、方针、政策、领导核心、组织架构以及具体工作方面及时的反应与调整，既有短期规划与奋斗目标，又有长远打算和顶层设计。具体来说，从1935年10月22日召开的吴起镇会议到同年12月17日召开的瓦窑堡会议，是中共中央和红军落脚陕北，着眼长远发展的时期；从1936年12月13日和19日连续召开的中共中央政治局会议到1938年9月29日召开的扩大的六届六中全会，是中共中央根据现实政治需要，谋划新局、解决难题的重要阶段；从1941年9月10日中共中央政治局扩大会议召开到1944年5月21日召开的中共六届七中全会，是党的历史上浓墨重彩的一个阶段。在这一时期，中共中央通过开展延安整风运动，统一了思想，总结了经验教训，完善了组织架构，为中共七大胜利召开创造了充分的思想条件。1945年4月23日召开的中共七大以及8月23日召开的中共中央政治局扩大会议，使全党在马列主义、毛泽东思想的基础上达到了空前的团结与统一，为迎接抗日战争的胜利和新民主主义革命在全国的胜利，奠定了政治上、思想上、组织上的基础。自1947年2月1日召开的中共中央政治局扩大会议到 12 月 25 日召开的中央十二月会议，伴随着解放战争隆隆的炮声，中共中央开始离开延安，走向全国，迎接革命的最终胜利。

古人云："以史为鉴，可以知兴替。"习近平总书记深刻指出："党的历史是最生动、最有说服力的教科书。"我们编著的这本小册子，不仅仅是对延安时期中共中央召开的一系列重要会议进行全景式的描述与展现，更重要的是，还在于帮助广大党员干部和人民群众，通过浸入式的阅读与学习，能够不忘初心使命，进一步坚定理想信念，在学史知史中，爱党爱国、敬业奉献，从而汇聚起为中华民族伟大复兴中国梦而努力奋斗的磅礴力量！

第一章

落脚陕北 着眼长远

吴起镇会议

（1935年10月22日）

吴起镇会议是指1935年10月22日在陕北吴起县吴起镇召开的中共中央政治局会议。出席会议的有中共中央政治局委员毛泽东、张闻天、周恩来、博古（秦邦宪）等以及红军陕甘支队各纵队负责人。这次会议分析了当时国内外政治军事形势，讨论了中共中央和中央红军的行动方针，批准了榜罗镇会议[①]关于红军落脚陕北的决策，宣告中共中央和中央红军长征的结束。

一、会议召开的背景

中共中央和中央红军与红四方面军会师后，张国焘图谋使用武力控制中共中央和中央红军，造成了中共党内严重的政治和军事危机。毛泽东等中共中央领导人机智摆脱危机后被迫改变原战略计划，继续北上。在哈达铺得知陕北有刘志丹等领导的红军和根据地后，随即决策转战陕北地区与刘志丹等会师。

1960年10月22日，曾在延安采访过毛泽东的“国际友人”埃德加·斯诺再次访问中国，并采访了毛泽东。在采访过程中，斯诺向毛泽东提出了一个特殊问题：“在你一生中，当你观察中国革命的命运时，哪个时期使你感到是最黑暗的时期？”毛泽东意味深长地回答道：“我们是有过那样的时候的。”长征途中，“张国焘闹分裂，那是最大的困难。”[②]由此，长征中张国焘闹分裂对毛泽东影响之深远可见一斑。在长征途中，毛泽东和中共中央不仅要应对国民党军队的围追堵截，还要解决党内张国焘的挑战。在中央红军和第四方面军会师之后的一段时期内，张国焘

①1935年9月27日，中共中央政治局在甘肃通渭县榜罗镇召开常委会议，张闻天主持，毛泽东、周恩来、博古等参加，史称“榜罗镇会议”。会议分析了国际国内形势，研究了红军落脚点的问题之后，正式决定并宣布把红军长征落脚点放在陕北。

②毛泽东：《同斯诺的谈话》（1960年10月22日），中共中央文献研究室编：《毛泽东文集》（第8卷），人民出版社1999年版，第213页。

毛泽东主席与斯诺谈话

对中共中央的威胁更甚于国民党：张国焘曾图谋用武力扣押中央领导人，实现其掌控并改造中共中央的意图。用毛泽东后来的话说，就是张国焘“要用枪杆子审查中央的路线，干涉中央的成分和路线”。[①]

中共中央率领中央红军单独“北上”后也确实经历了许多严峻的考验。“北上”只是宏观上确立了前进的战略方向，并未解决当时更迫切和现实的“落脚点”问题。中共中央迅速离开张国焘控制的势力范围后，虽然脱离了险境，但是也影响了当时坚

① 中共中央文献研究室编：《毛泽东年谱（1893—1949）》（修订本），中央文献出版社 2013 年版，第 668 页。

持“北上”部队的士气。当时担任中央红军所属红三军团政治委员的杨尚昆回忆：自从1935年9月9日，中共中央摆脱张国焘威胁后，“本来，中央不让向下面随便讲张国焘闹分裂的事，但是，许多中下级干部还是知道了，一路上情绪不太好。”① 还有，由于对西北地区缺乏必要的了解，加之环境恶劣，当时中共中央还曾对发展前景做过最坏的打算。为以防万一，毛泽东还曾动员参加长征的林伯渠、谢觉哉等几位年纪比较大的老干部想办法离开队伍，保存实力，再谋发展。

1936年2月，谢觉哉在延安对西北干部高朗亭回忆过自己亲历的这方面的一段经历。在翻越大雪山后，毛泽东对谢觉哉说：“看来咱们的部队是要长期无后方地打游击，你们年纪大了，在部队上长期拖下去，会把你们拖死的。到了甘肃以后，你们可以自找掩护关系，到白区去做党的地下工作，请预作考虑。”② 快到哈达铺时，毛泽东的态度依然很谨慎。林伯渠到延安后也曾对刘景范回忆过当时的情景：“中央红军长征快走到哈达铺时，毛泽东同志把徐老、董老、谢老和我找去，对我们说：‘红军到甘肃以后，你们几位老人是不是化装辗转到南方去，找我们留在苏区的地下党，不然你们会被长途行军拖垮的。’”③

正在“北上”战略遭遇严峻考验之际，陕甘根据地的出现彻底扭转了中共中央的艰难处境。毛泽东和其他中共中央领导人以及全体红军指战员在哈达铺得知陕北有一块刘志丹领导的根据地后，欢欣鼓舞溢于言表。长征时曾任中革军委纵队政治部秘书长的刘英回忆：“大约是九月二十一日的上午，我们到了哈达铺。这是甘肃南部的一个小城镇。在两天之前，先头部队攻占哈达铺的时候，在当地的邮局得到了不少报纸，主要是七、八月间的天津《大公报》。毛泽东、张闻天、周恩来、博古他们翻读着这些

① 杨尚昆著：《杨尚昆回忆录》，中央文献出版社2001年版，第153页。

② 高朗亭著：《记忆犹新的谢觉哉同志炉边谈话》，中国人民政治协商会议甘肃省委员会文史资料研究委员会编：《甘肃文史资料选辑 第12辑》，甘肃人民出版社1982年版，第142页。

③ 刘景范著：《回忆林伯渠同志在陕甘宁边区》，（原载1981年6月26日《光明日报》），中共临澧县委编：《怀念林伯渠同志》，湖南人民出版社1986年版，第119页。

甘肃南部小镇哈达铺

报纸，谈得眉飞色舞。原来，从这些报纸登载的消息，他们确切地知道：陕北有苏区根据地，有红军，有游击队。这真是喜从天降。”[1]随后，毛泽东和中共中央即决策准备转战陕甘根据地。

时任中央红军红一军团政委的聂荣臻回忆：“九月二十二日，毛泽东同志召集第一、三军团和中革军委纵队的团以上干部，在哈达铺一座关帝庙里开会。他在会上作了政治报告。他说，我们要北上，张国焘要南下，张国焘说我们是机会主义，究竟哪个是机会主义？目前，日本帝国主义侵略中国，我们就是要北上抗日。首先要到陕北去，那里有刘志丹的红军。我们的路线是正确的。现在我们北上先遣队人数是少一点，但是目标也就小一点，不张扬，大家用不着悲观，我们现在比一九二九年初红四军下井冈山

① 刘英著：《我和张闻天命运与共的历程》，中共党史出版社1997年版，第83页。

时的人数还多哩！……最后毛泽东同志动员大家振奋精神，继续北上，并告诉大家，从现地到刘志丹同志创建的陕北根据地只不过七八百里了。”[①]

时任中央红军陕甘支队第一纵队第四大队政治委员的杨成武回忆：在哈达铺召开的团级以上干部会上，“毛主席说：张国焘看不起我们。他对抗中央，还倒打一耙，反骂我们是机会主义。我们要北上，他要南下；我们要抗日，他要躲开矛盾，究竟哪个是退却，哪个是机会主义？我们不怕骂，我们要抗日，首先要到陕北去，那里有刘志丹的红军。”“毛主席说到这里，略略停顿了一下，然后诙谐地说：感谢国民党的报纸，为我们提供了陕北红军的比较详细的消息：那里不但有刘志丹的红军，还有徐海东的红军，还有根据地！”[②]

1935 年 9 月 27 日，中共中央在甘肃省通渭县榜罗镇召开中共中央政治局常委会议，会议根据在哈达铺等地新了解到的情况，改变了俄界会议[③]关于在接近苏联建立根据地的决定，确定将中共中央和中央红军的落脚点放在陕北，保卫和扩大苏区，以陕甘苏区来领导全国革命。随后，中共中央率领中央红军开始向陕甘苏区开进，寻机与刘志丹领导的陕北红军会师。经过 20 多天的长途跋涉，中共中央和中央红军于 1935 年 10 月 19 日抵达陕甘根据地所辖的吴起镇，最终结束了没有根据地长期转战的被动局面。

二、会议的主要内容

1935 年 10 月 22 日，中共中央在吴起镇召开中共中央政治

① 聂荣臻著：《聂荣臻元帅回忆录》，解放军出版社 2005 年版，第 230—231 页。

② 杨成武著：《杨成武回忆录》，解放军出版社 2005 年版，第 275 页。

③1935 年 9 月 12 日，六届中央政治局在甘肃南部迭部县俄界举行扩大会议。会议由张闻天主持，毛泽东、博古、王稼祥、刘少奇、彭德怀、邓发、林伯渠、李富春等以及共产国际军事顾问李德参加。会议通过了《关于张国焘同志的错误的决定》，指出张国焘的错误性质及其历史根源，号召红四方面军团结在党中央周围，同张国焘错误路线作斗争。俄界会议改变了在陕甘建立根据地的战略方针，确定用游击战争来打通国际联系，创造新的根据地的战略方针。

局会议分析当时国内外政治军事形势，讨论中共中央和中央红军的行动方针，明确提出“一个历史时期已经完结，一个新的历史时期开始了”。“党的新任务是保卫与扩大陕北苏区，以领导全国革命”，决定将陕北地区作为中共中央和红军长征的落脚地。

吴起镇会议上毛泽东的发言成为会议的主要议题和结论。吴起镇会议对中共中央和中央红军的行动方针作了充分讨论，毛泽东发言指出：“陕甘支队自俄界出发已走二千里，到达这一地区的任务已经完成。现在全国革命总指挥部到这里，成为反革命进攻的中心。敌人对我们的追击堵截不得不告一段落，现在是敌人‘围剿’。我们的任务是保卫和扩大陕北苏区，以陕北苏区领导全国革命。陕、甘、晋三省是发展的主要区域。现在以吴起镇为中心，第一期向西，以后向南，在黄河结冰后可向东。”关于中共中央、中央红军与陕甘根据地党政军之间的关系问题，毛泽东强调：“要极大地注意同西北同志的关系，应以快乐高兴的态度和他们见面。”会议在研讨当时国内外政治军事形势时，毛泽东指出：“当前世界革命进到新的阶段，帝国主义到处冲突。日本帝国主义独占华北，反帝运动高涨，反帝革命在全国酝酿，陕北群众急需革命，这是粉碎敌人‘围剿’的有利条件。”

关于如何打破当时迫在眉睫的国民党对陕甘根据地第三次“围剿”，毛泽东指出：“粉碎敌人‘围剿’还要有好的领导。在结论中指出：结束一年长途行军，开始了新的有后方的运动战。提高战斗力，扩大红军，解决物质问题，是目前部队的中心工作。要加强白区、白军工作和游击工作的配合。要尊重地方群众的意见，不要自高自大地压制他们。动员群众主要依靠地方工作，不依靠他们没有办法。”经过参会人员的热烈讨论，“与会者一致同意毛泽东的报告和结论”[①]。

最后，张闻天结合大家的发言作了会议总结。关于当时中共

① 中共中央文献研究室编：《毛泽东年谱（1893—1949）》（修订本），中央文献出版社2013年版，第481页。

中央和中央红军所处的形势，张闻天指出：“长途行军中间所决定的任务已经最后完成，到达某一苏区，长途行军就是完结了。现在新的任务是保卫与扩大这一苏区。应使战斗员了解：一个历史时期已经完结，一个新的历史时期开始了。关于这个问题政治部虽有训令，但战斗员尚不清楚，应作深入解释。”

在新形势下，关于中共中央和中央红军的任务，张闻天强调：“如何来看粉碎当前的‘围剿’，我只讲一个问题。阿比西尼亚的战争展开了二次世界大战问题，这将加剧日本对中国的侵略，同时减弱其他帝国主义对中国反革命的帮助。应使同志们了解，现在保卫苏区要变为直接的民族革命战争，要把土地革命与反帝直接结合起来。政治上的休息情绪可能发生，有的已经发生。应说明我们新的任务，提高部队对巩固与扩大苏区的自信心。”“建立、巩固根据地，深入土地革命，改造苏维埃。党的建立亦应包括在内。关于这里的土地关系，现在尚不清楚。不出租田地的地主亦有，应深入研究。”

关于如何整合根据地的武装力量，张闻天要求：“组织我们部队及二十五、二十六军力量的工作应切实进行，同时应组织游击战争。过去中区的游击战争成绩不好。现在陕北游击队很活跃，应加强对这些游击队的政治领导。在扩大红军时，对有历史意义的游击队不应加以并吞，而应在政治上、武装上加以帮助。”“红军的名义与组织应与二十五、二十六军同志商量之后决定。此事委托常委来作。”

关于如何加强同共产国际和白区的工作，张闻天强调：“国际路线无论如何要打通。主要是为取得政治帮助，要与之发生直接联系。在最近派一位同志是可以的，但只靠一个同志去不够。在红军苏区扩大的环境下与之直接联系是完全需要的。特别是现在世界形势剧变，日本加紧进攻我们，我们不但要取得国际的政治帮助，而且还要取得技术帮助。”“白区工作配合不好亦是过去不能粉碎五次‘围剿’的原因之一。当前如何使反帝斗争及水灾造成的白区群众运动与红军保卫苏区相配合，是一个很大的任务。”[①] 张闻天在吴起镇会议上的总结发言是对毛泽东发言的补充和完善，也是参会人员对当时中共中央和中央红军所处形势和主要任务达成的共识。

吴起镇会议是榜罗镇会议和铁边城会议的继续和完善。会议批准了榜罗镇会议把红军长征落脚点放在陕北的战略决策，决定党和红军今后的战略任务是建立西北苏区，以领导全国革命，从而宣告了中央红军长征的完结，开创了中共中央把全国革命大本营放在陕北的新的历史时期。这次会议为 1935 年 11 月上旬中央红军同西北红军顺利会师做了准备，对团结和汇聚西北革命力量起了重要作用。这次会议对党的策略方针由土地革命战争向民族革命战争的转变和党在西北地区开始建立抗日反蒋统一战线，作了重要的准备，起着决定性的推动作用。

三、会议的影响

吴起镇会议后，中共中央按照吴起镇会议相关决议和决定解决当时陕甘根据地面临的内外严峻形势。毛泽东、张闻天等根据在吴起镇了解到的陕甘根据地正在恶性蔓延的陕北“肃反”问题，立即下令“刀下留人”，停止捕杀，积极遏制肃反的继续恶性蔓延。10 月 22 日，中共中央随即委派李维汉、贾拓夫等作为先遣队寻找陕甘红军。

中共中央在得知陕北“肃反”详情后，明确表态积极制止肃反继续蔓延。1935 年 10 月 19 日，毛泽东、中共中央以及中央红军长征抵达西北根据地吴起镇。毛泽东、张闻天等先后从多个渠道了解到了陕北“肃反”的严峻形势。第一个向毛泽东汇报陕北“肃反”的是陕甘游击队负责人张明科。张明科回忆：“毛主席还问我，刘志丹同志现在哪里活动，你知道他在什么地方么？我当时一下子紧张起来，我不敢说实话。毛主席又反复问，我才

① 张闻文选集编辑组编：《张闻天文集》（第二卷），中共党史出版社 1993 年版，第 1—2 页。

说刘志丹被关押起来了。毛主席立即站了起来问，为什么？什么时间关押的？我说，10月初被押起来了，为什么关押我不知道。我对面坐着一位长胡子老汉（以后听说是周副主席）问我，现押在什么地方？我说，听说押在瓦窑堡，共押了几百人。毛主席又问我，谁能知道详细情况？我说，只有骑兵团（红二十六军的骑兵团）政委龚逢春知道详细情况。毛主席问，他在哪里？能找到么？我说，行！毛主席问，你什么时候能找来？我说，明天找不来，后天一定找来。周副主席说，你派人骑马快去找来好么？我说，刘兴汉家中有两匹马，一头骡子，我能借到。随后，我派第一中队指导员雷海清带一个战士去找龚逢春。”① 在10月22日清晨②，经过张明科联系，毛泽东见到了知晓陕北“肃反”详情的陕甘边第二路游击队政委龚逢春。毛泽东、张闻天、周恩来等从龚逢春处得知西北根据地正在进行“肃反”，刘志丹、高岗、习仲勋等西北根据地领导人被逮捕，有的被捕人员已经被杀害的消息。③ 毛泽东当即表示要正确解决陕北“肃反”的态度。龚逢春后来回忆了当时情景：“我还向毛主席汇报了当时陕北肃反的情况和刘志丹被捕的问题，我向毛主席表示了我的意见，我认为刘志丹等同志不应逮捕，我说我的看法，刘志丹等同志不是反革命。毛主席非常关心陕北的肃反问题，毛主席曾亲切地向我说，中央红军和中央到了陕北以后，陕北的肃反问题，刘志丹的问题，都可以得到正确的解决，使我得到了很大的鼓舞。”④

吴起镇会议后，毛泽东等中共中央负责人在进一步听取当地干部群众汇报后还做了更为明确制止陕北“肃反”的表态。当时担任中央红军保卫局长的王首道回忆：“正当毛主席紧张部署直罗镇战役的时候，陕甘边区的干部和群众向毛主席反映了一个严

① 张明科：《毛主席问我刘志丹在哪里？》，《刘志丹纪念文集》编委会编：《刘志丹纪念文集》，军事科学出版社2003年版，第413—414页。

② 张明科：《毛主席问我刘志丹在哪里？》，《刘志丹纪念文集》编委会编：《刘志丹纪念文集》，军事科学出版社2003年版，第414页。

③ 张邦英：《片段回忆》，中国社会出版社2007年版，第160页。

④ 龚逢春：《向毛主席汇报》，李海文主编：《中国工农红军长征亲历记》，四川人民出版社2005年版，第305页。

重的情况，一个多月前，刘志丹、习仲勋、马文瑞等大批负责同志被捕，有的甚至被杀害了。对此，广大干部群众无比义愤，希望毛主席、党中央公道处理。毛主席仔细地倾听了当地干部群众的反映后，立即指出：刀下留人，停止捕人。毛主席说：我们刚刚到陕北，仅了解到一些情况，但我看到人民群众的政治觉悟很高，懂得许多革命道理，陕北红军的战斗力很强，苏维埃政权能巩固地坚持下来，我相信创造这块根据地的同志们都是党的好干部，请大家放心，中央会处理好这个问题。”① 毛泽东对陕北“肃反”问题的上述表态，既是以他从哈达铺到下寺湾一路上所见所闻，对刘志丹等西北根据地党政军领导人印象逐渐加深，颇有好感为基础的，也是他作为一个政治家见微知著、力挽狂澜的政治敏锐性和果断性比较集中的表现。李维汉、贾拓夫一行获悉陕北肃反恶性蔓延给中共中央反馈情况后，“党中央立即下令：停止逮捕，停止审查，停止杀人，一切听候中央来解决！”② 至此，中共中央初步制止了陕北肃反继续蔓延和恶性膨胀的趋势。

吴起镇会议以后，中共中央还积极寻找和陕甘红军的联系。当事人李维汉对此有详细回顾：“党中央到了吴起镇以后，即派贾拓夫携带电台，作为先遣队去寻找陕北红军和刘志丹，我与他同行（贾拓夫于一九三四年代表陕西省委参加六届五中全会，会后，留中央白区工作部工作，随中央红军长征北上，并任总政破坏部部长）。”③10 月 29 日，陕甘支队发表《告红二十五、二十六军全体指战员书》，明确指出，陕甘支队与红二十五、二十六军的会合，为的是“开展西北苏维埃运动的大局面替中国苏维埃运动定下巩固的基础迅速赤化全中国。”指出，“我们的会合是中国苏维埃运动的一个伟大胜利，是西北革命运动大开展的导炮”。号召全体指战员，“团结起来，为保卫和扩大陕北苏区，粉碎敌人新的‘围剿’，开展西北苏维埃运动的大局面，开

① 王首道：《王首道回忆录》，解放军出版社 1988 年版，第 166—167 页。
② 李维汉：《回忆与研究》（上册），中共党史资料出版社 1986 年版，第 371 页。
③ 李维汉：《回忆与研究》（上册），中共党史资料出版社 1986 年版，第 370 页。

展神圣的民族革命战争而斗争。”中共中央的积极行动为中央红军和陕甘红军合兵一处，粉碎“围剿”创造了条件。

吴起镇会议在中国革命史上有重要的历史意义。吴起镇会议批准了榜罗镇会议的决定，实现了榜罗镇会议关于以陕甘根据地为中国革命大本营的决策。陕甘根据地对当时中共中央和中央红军处境的改变，对中国革命的贡献得到亲历者的高度肯定。刘英回忆：“自从夜渡于都河以来，中央一直想找到一个落脚点，创立新的根据地。究竟上哪儿，谁也不确定。开头想到湖南西部，没有成功。后来想跟二、六军团会合，又遭重大挫折。黎平会议曾决定以黔北为中心建立根据地，遵义会议根据当时情况又予改变，有在川西发展的设想。在懋功与四方面军会合，跟张国焘争论，就是反对他的南下西进在川康落脚，而坚持北上向东建立根据地。原想在川陕甘创建根据地，现在得知陕北有一块红军的地盘，很自然的，就决定到陕北落脚了。”①

黄克诚回忆：“我们从江西出发长征，艰苦跋涉两万多里，一路上连共产党的支部都很少遇到过，真没有想到会在陕北找到一块革命根据地。这无异于绝处逢生，使大家受到极大的鼓舞。历史是按照其必然规律在发展，但往往表现出许多偶然性。陕北根据地当时并不大，陕北红军也比较弱小，且处于国民党军队的‘围剿’之中。要不是中央红军长征到此，陕北革命根据地要想坚持下来也是很困难的。然而，正是这块不太大的革命根据地，此时却起了关键性的作用，使中央红军得以站住脚跟，休养生息，重整旗鼓，为尔后创建红色的首都、抗日的圣地，奠定了基石。”②

1945 年 4 月 21 日，中共七大前夕，毛泽东作了《中国共产党第七次全国代表大会的工作方针》的报告，在总结中共革命历史经验的时候指出：“历史的教训就是要我们谦虚谨慎。过去有的同志很急躁，希望革命明天就胜利。但是可惜没有胜利，一拖拖了十年。有了三十万党员，几十万军队，头大了，急躁起来了，

---

① 刘英著：《我和张闻天命运与共的历程》，中共党史出版社 1997 年版，第 83—84 页。

② 黄克诚著：《黄克诚自述》，人民出版社 1994 年版，第 143—144 页。

结果只剩了一个陕北。有人说，陕北不好，地瘠民贫。但是我说，没有陕北那就不得下地。我说陕北是两点，一个落脚点，一个出发点。”①

下寺湾会议

（1935 年 11 月 3 日）

下寺湾会议是指 1935 年 11 月 3 日在甘泉县下寺湾召开的中共中央政治局会议。出席会议的有中共中央政治局委员、政治局候补委员以及中共其他党政军负责人毛泽东、张闻天、周恩来、博古（秦邦宪）、王稼祥、刘少奇、彭德怀、李维汉、凯丰、李德、林伯渠等。这次会议分析了陕甘革命根据地（亦称西北革命根据地）面临的政治军事形势，集中讨论了如何粉碎国民党对陕甘革命根据地第三次“围剿”、红军行动方针及中共中央组织问题等。下寺湾会议是中共中央领导克服陕甘根据地危局的关键性会议。

一、会议召开的背景

中共中央和中央红军抵达陕甘革命根据地的时候，根据地面临着千钧一发的严峻形势。当时国民党正调集大军发动了规模空前的对陕甘根据地的第三次“围剿”。根据地内部发生的“陕北肃反”也在恶性膨胀和蔓延，一大批陕甘根据地的领导人和革命中坚力量被杀害，陕甘根据地的开创者和主要领导人刘志丹、高岗、习仲勋等被逮捕，并遭受刑讯折磨，随时都有被杀害的危险。

中共中央、中央红军抵达陕甘革命根据地时，国民党规模空

① 毛泽东：《中国共产党第七次全国代表大会的工作方针》（1945 年 4 月 21 日），中共中央文献研究室编：《毛泽东文集》（第三卷），人民出版社 1996 年版，第 297 页。

下寺湾毛泽东旧居会议室

前的第三次“围剿”正在发动。1935年9月26日，国民党军西北“剿匪”总司令部在西安成立，蒋介石兼任总司令，张学良为副总司令并代行总司令职权，统一指挥陕西、甘肃、宁夏、山西等省区军队。国民党军在西（安）兰（州）公路和平凉至宁夏的公路上布置封锁线。[①]随着中央红军抵达陕北，国民党当局立刻调集重兵到陕甘苏区周围。国民党方面部署在根据地周围的军队有张学良部东北军，有杨虎城部十七路军，有陕北的井岳秀、高桂滋等部，还有中央军系统的胡宗南、毛炳文等部。直接用于第三次“围剿”的兵力达十余万人。9月中旬，第三次“围剿”开始了。这次“围剿”规模比以往历次都大得多。“进剿”军虽然在劳山战役和榆林桥战役中受到两次沉重打击，但“围剿”没有停止，仍在继续。

时任中共中央军委副主席的彭德怀回忆：“红军第一方面军主力到达陕北吴起镇，正是蒋介石命令东北军张学良十余师向陕北苏区红军进行第三次‘围剿’之时。敌第一线有董英斌军四

① 逄先知主编：《毛泽东年谱（1893—1949）》（上卷），中共中央文献出版社2013年版，第475页。

个师集结庆阳，准备由庆阳、合水夹葫芦河东进；王以哲三个师集结洛川，准备北进；甘泉、延安各一个师驻守。第二线有西北军杨虎城部两个军，还有东北军数师，当时位置不明。”[①]陕甘根据地的主力红军当时主要是由中央红军改编的红一军团和原红二十五军、二十六军和二十七军改编的红十五军团。红十五军团计 6000 人左右，红一军团 7000 余人。

陕甘根据地发生的错误肃反也激化了根据地内部的矛盾。时任陕甘边苏维埃政府主席的习仲勋后来回忆：“在这大敌当前的紧要关头，由于‘左’倾路线的推行，竟然在革命队伍内进行所谓‘肃反’。他们始则诬蔑刘志丹‘右倾’，进而诬陷他是‘右派’，‘同国民党部队有秘密勾结’，最后干脆给他戴上‘白军军官’、‘反革命’的帽子。还使用欺骗手段，把他抓起来。凡是陕甘边根据地县以上干部，红二十六军营以上干部全都被抓了起来。我当时身为陕甘边苏维埃政府主席，也被他们抓了起来，别的同志更不用说。”“‘左’倾机会主义分子的倒行逆施，使亲者痛仇者快。地主、富农、反革命分子乘机捣乱，一些县发生了‘反水’现象，根据地一天天缩小，出现了空前严重的危机。”[②]由于错误肃反的恶性蔓延，也严重影响了原陕甘根据地红二十六、二十七军与由鄂豫皖根据地转战而来的红二十五军的关系。时任中共中央军委总政治部副主任的杨尚昆回忆：“后来，我们见到八十一师师长贺晋年时，他就说，如果中央不来，我们就要同二十五军他们打起来了。”[③]

中共中央随中央红军长征转战陕甘根据地之际，陕甘根据地已到了千钧一发的危急时刻。根据地内部错误肃反恶性膨胀，刘志丹、高岗、习仲勋等随时都有可能遭遇不测。根据地外国民党大军压境，敌我力量悬殊，如何粉碎这次规模空前的“围剿”也是亟待解决的问题。此时，陕甘根据地处于“千里雷声万里闪”

---

① 彭德怀：《彭德怀自述》，人民出版社 2019 年版，第 176 页。

② 习仲勋：《群众领袖，民族英雄》（1979 年 10 月 16 日），《习仲勋文集》（上卷），中共党史出版社 2013 年版，第 567 页。

③ 杨尚昆：《杨尚昆回忆录》，中央文献出版社 2001 年版，第 155 页。

的险境，稍有不慎这块中共在土地革命战争时期创建的根据地就有丢失的可能。

二、会议的主要内容

中共中央主要领导人毛泽东、张闻天、周恩来等抵达甘泉县下寺湾后立即召开中共中央政治局常委会听取陕甘根据地负责干部汇报工作，了解情况。中共中央根据了解到的情况随即召开政治局会议安排部署工作，集中讨论了如何粉碎国民党对陕甘根据地第三次"围剿"、红军行动方针及中共中央组织等问题。

中共中央抵达下寺湾后就积极了解陕甘根据地的历史和现状。11 月 3 日，中共中央在下寺湾边区特委召开中共中央政治局常委会议，会议听取陕甘晋省委副书记郭洪涛和西北军委主席聂洪钧关于陕北苏区、陕北红军及其作战情况的汇报。[①] 参加会议的原陕甘晋省委副书记郭洪涛晚年所著《郭洪涛回忆录》中对其向毛泽东、张闻天、周恩来等汇报的情形有比较详细的回顾："我们赶到下寺湾时，遇到贾拓夫同志。1935 年 11 月 1 日，党中央、中央红军到达下寺湾。我向李维汉同志汇报了陕甘边、陕北两块苏区、两支红军，互相支援、互相配合，于 1935 年 2 月成立了西北工委、西北军委，统一了两块苏区党政军的领导等情况；同时，也汇报了陕北（包括陕甘边）肃反是逼供信搞的，是错误的，前后方已停止捕人、审讯人等情况。李维汉同志认为我反映的情况很重要，领我去见了毛泽东、张闻天两同志，我主要汇报了肃反是错误的，是逼供信搞出来的；前后方都已停止了捕人、审讯人等。在听取我汇报了错误肃反的情况后，党中央领导同志指示赶快审查释放被冤同志，要抓紧做工作。2 日，中央政治局召开常委会议，……我又汇报了陕北苏区、陕北（包括陕甘边）错误肃反是逼供信搞出来的情况。政治局常委会……指出陕

---

① 逄先知主编：《毛泽东年谱（1893—1949）》（上卷），中共中央文献出版社 2013 年版，第 483 页。

北（包括陕甘边）肃反是错误的。指定国家保卫局局长王首道同志到瓦窑堡查处错误肃反问题，我向王首道同志也作了汇报。”[①]

根据了解到的情况，中共中央随即召开了中共中央政治局会议（“下寺湾会议”）对相关工作做了安排部署。毛泽东在下寺湾会议上作了重要发言。毛泽东从当时的形势出发提出：“对外用中共西北中央局和中华苏维埃共和国中央政府办事处的名义较适当，公开使用中共中央和中央政府名义可在打破‘围剿’之后再定。作战方针，应在这个月解决第三次‘围剿’问题，经过一个深冬让敌人慢慢做堡垒是不好的。同红十五军团会合后，红十五军团编制应保存，红二十六、二十七军因历史关系也不要合并。陕甘支队可编成红一军团，并成立红一方面军。”[②]张闻天在发言中指出：当前的紧迫任务，是怎样去彻底粉碎敌人的三次“围剿”。他提议中央领导分两部分行动，“一部分同志到前方，一部分可以在后方进行动员工作”。关于中央军事组织问题，张闻天建议成立新的中央军委（名义称西北军委），并提议毛泽东担任军委主席，他提出：“大的战略问题，军委向中央提出讨论，至于战斗指挥问题，由他们全权决定。” 会议经过讨论同意张闻天提出的方案，作出以下决定：（一）中央对外公开用“西北中央局”称谓，对白区仍称“中央（秘密）”。（二）成立西北革命军事委员会，军委成员为毛泽东（主席）、周恩来（副主席）、彭德怀（副主席）、王稼祥、聂洪钧、林彪、徐海东、程子华、郭洪涛。（三）中央分两路行动：毛泽东、周恩来、彭德怀率领部队南下与红十五军团会合粉碎敌人“围剿”；张闻天、博古等人率领中央机关北上进驻安定县瓦窑堡（今属陕西省子长县）。[③]

下寺湾会议是中共中央对陕甘根据地现状有了较为全面的了解后召开的战略部署和组织分工会议。会议对吴起镇会议关于

① 郭洪涛著：《郭洪涛回忆录》，中共党史出版社 2004 年版，第 77—78 页。

② 中共中央文献研究室编：《毛泽东年谱（1893—1949）》（修订本），中央文献出版社 2013 年版，第 483 页。

③ 中共中央党史研究室张闻天选集传记组编：《张闻天年谱（1900—1976）》（上册），中共党史出版社 2010 年版，第 193 页。

粉碎国民党军事“围剿”作了进一步安排部署，也为迅速制止陕北肃反提供了条件。下寺湾会议巩固了中共党内团结，实现了军事统一，是陕甘根据地转危为安的关键性会议。

三、会议的影响

下寺湾会议后，中共中央主要成员随即分两路行军。张闻天、博古等率领中共中央机关进驻瓦窑堡解决根据地“肃反”问题，随后释放了被关押的刘志丹、高岗、习仲勋等原陕甘根据地主要领导干部。毛泽东、周恩来、彭德怀等南下会合红十五军团，经过直罗镇战役，粉碎了国民党对陕甘根据地的第三次“围剿”。

中共中央在下寺湾会议后比较稳妥地解决了陕北“肃反”问题。在下寺湾，中共中央迅速派遣专人奔赴瓦窑堡制止陕北肃反恶性蔓延。参与负责处理陕北肃反、时任国家保卫局执行部部长的王首道回忆：“由于毛主席和周恩来副主席等中央负责同志正忙于战役准备，毛主席和党中央决定派我和刘向三等同志到瓦窑堡去，接管陕甘边区保卫局的工作，先把事态控制下来，避免进一步恶化。毛主席在下寺湾的一次干部会上，语重心长地对我们说：杀头不能像割韭菜那样，韭菜割了还可以长起来，人头落地就长不拢了。如果我们杀错了人，杀了革命的同志，那就是犯罪的行为，大家要切记这一点，要慎重处理。”①

随同王首道一同赶赴瓦窑堡处理陕北“肃反”问题的刘向三也有回忆：“当王首道同志带领我们离开下寺湾赶赴瓦窑堡时，毛泽东主席语重心长地对我们说：‘杀头不像割韭菜那样，韭菜割了还可以长起来，人头落地就长不拢了，如果我们杀错了人，杀了革命同志那就是犯罪的行为。大家要切记这一点，要慎重、要做好调查研究工作。’”②甚至在指挥直罗镇战役的紧张过程中，毛泽东对陕北肃反问题还惦记于心。

---

① 王首道著：《王首道回忆录》，解放军出版社1988年版，第166—167页。

② 刘向三著：《往事的回忆》，黄河水利出版社2001年版，第96页。

直罗镇战役纪念馆

时任毛泽东机要秘书的叶子龙回忆："在进行直罗镇战役期间，一天，毛泽东请我到他的窑洞吃饭"。"吃着饭，毛泽东突然用筷子指着盘子说：'韭菜割了一茬又一茬，越割越长；人可不一样，割下脑袋就再也长不出了！'"[①] 11月10日，张闻天、博古等率领中共中央机关进驻当时根据地中心地区安定县瓦窑堡。[②] 随后，张闻天主持领导了对陕北肃反的审查，释放了被关押的原陕甘根据地领导人，并召开专门会议为刘志丹等平反昭雪。习仲勋对陕北肃反的惨痛教训一直难以忘怀，晚年多次对夫人齐心回忆这段历史："西北根据地的历史地位是很关键的，但当时如果党中央、毛主席不来，这个根据地也不复存在了。当时，陕甘根据地外受国民党重兵'围剿'，内遭'左'倾路线的危害，开展了错误肃反，我和志丹等都被监禁，许多优秀的党员、干部、知识分子和下级军事指挥员都被枪杀、活埋。他们也已经为志丹

① 叶子龙口述，温卫东整理：《叶子龙回忆录》，中央文献出版社2000年版，第19页。

②《林伯渠日记》（1935年5月—11月），中共中央党史研究室、中央档案馆编：《中共党史资料》（第64辑），中共党史出版社1997年版，第32页。

和我挖好了坑，准备活埋我们。是党中央、毛主席到达陕北得知这一情况后，立即指示‘刀下留人’。如果毛主席晚到四天，就没有刘志丹和我们了。”①

下寺湾会议后，毛泽东、周恩来、彭德怀等迅速南下与徐海东、程子华安排部署反“围剿”作战。11 月 21 日，在毛泽东、周恩来等的指挥下，中央红军和陕甘红军联合发起了直罗镇战役，至 24 日战役结束。直罗镇战役共歼灭国民党军东北军一个师又一个团，俘敌 5300 余人，缴枪 3500 余支。直罗镇战役的胜利，打破了蒋介石国民党政府对陕甘苏区的第三次“围剿”，对陕甘苏区的巩固有重大意义。

11 月 30 日，毛泽东在东村出席红一方面军营以上干部大会时，作了《直罗战役同目前的形势与任务》的报告。毛泽东指出：“劳山、榆林桥两次胜利后，敌主力由西边进，企图构成葫芦河东西封锁线，然后北援甘泉、延安，构成洛河南北封锁线，如果没有直罗胜利，则我们向南发展就被限制了，已有的苏区也不能得到完全的巩固。”“这次胜利，最后地解决了第三次‘围剿’，敌人非重新调兵重新部署，不能向我们进攻了。这就给了我们以准备打破新‘围剿’的条件：时间与地区。时间与地区对于我们是十分重要的，我们要利用已经取得的每一点钟时间与每一方里地区来进行我们处在两次‘围剿’之间的一切基本工作。”“中央领导我们，要在西北建立广大的根据地——领导全国反日反蒋反一切卖国贼的革命战争的根据地，这次胜利算是举行了奠基礼。”②

下寺湾会议在中国革命史上有重要的影响和地位。这次会议正确地分析了陕甘苏区的历史和现状，制定了符合实际的政治、军事和组织政策，实现了解决陕北“肃反”恶性蔓延给根据地造成的内部危机，也成功粉碎了国民党对陕甘根据地规模空前的第

① 齐心：《仲勋，我用微笑送你远行》，《怀念习仲勋》编辑组编：《怀念习仲勋》，中共党史出版社 2005 年版，第 14 页。

② 毛泽东：《直罗战役同目前的形势与任务》（1935 年 11 月 30 日），《毛泽东文集》（第 2 卷），人民出版社 1993 年版，第 363—365 页。

三次“围剿”，为中共中央和中央红军落脚陕北，进而将中国革命大本营建立在陕北“举行了奠基礼”。这次会议体现了中共中央核心领导层驾驭复杂局面的能力，也展示出毛泽东、张闻天、周恩来等中共领导人的杰出领导才能。

瓦窑堡会议

（1935 年 12 月 17 日—25 日）

1935 年 12 月 17 日至 25 日，中共中央在安塞县（今子长市）瓦窑堡召开政治局会议，史称瓦窑堡会议。这次会议以及随后召开的党的活动分子会议，正式确立了中国共产党关于抗日民族统一战线的基本政策，并根据形势的发展对党的建设、军事战略等重大问题提出了一系列科学的判断，成为从国内革命战争向全民族抗战伟大转折中一次极其重要的会议。瓦窑堡会议是在瓦窑堡下河滩田家院，即当时张闻天的住处召开的。会议由张闻天主持，出席会议的有政治局委员毛泽东、周恩来、王稼祥、博古；中央政治局候补委员刘少奇、邓发、凯丰（何克全）；组织部部长李维汉；中共中央候补委员，红一方面军政治部副主任杨尚昆；中共陕北省委书记郭洪涛，共产国际代表张浩（林育英）等 10 多人。为会议做记录的西北中央局秘书长欧阳钦、邓颖超、吴亮平，共产国际军事顾问李德参加了会议。

一、会议召开的背景

1935 年 10 月 19 日，经过一年多艰苦卓绝的长征，中央红军落脚陕北吴起镇。10 月 22 日，中央在吴起举行政治局会议。毛泽东在会议上正式宣布中央红军长征胜利结束，并提出要“以陕北苏区领导全国革命”[1]。此后一年间，到瓦窑堡会议召开前，国内形势和中国革命发展出现许多新特点。

首先，中日民族矛盾不断激化并开始上升为国内主要矛盾。1931年九一八事变后，日本帝国主义对中国的侵略大大加深了中日民族矛盾，中国人民掀起了抗日救亡运动。日本在占领了中国东三省之后，仍然欲壑难填。1935年，随着日本发动华北事变，日本的侵略进一步深入华北五省（河北、察哈尔、热河、山西、山东）。在国民党政府通过塘沽协定、何梅协定把河北、察哈尔两省大量主权拱手让给日本后，日本帝国主义进一步加紧侵略，把魔爪伸向中国内地，使华北成了日本的“第二个满洲国”，妄图灭亡中国。中日民族矛盾上升成为中国社会最主要的矛盾。深重的国难，使整个中华民族为之震惊。在这种情况下，中国共产党提出“停止内战，一致抗日”的口号。1935年12月9日，在中共北方局推动下，北平学生轰轰烈烈地开展了爱国抗日的一二·九运动，在全国掀起了抗日救亡运动的新高潮。在此背景下，历经磨难的中国共产党和中央红军长征到达陕北并站住脚跟后，迫切需要对迅猛发展的客观形势有个客观分析。制定出如何应对日本的侵略，如何把各种要求抗日的力量汇聚起来，共御外敌，提出正确的政治路线和策略，就成为迫在眉睫的问题。

其次，共产国际的政策转变。由于欧洲法西斯主义的侵略扩大，共产国际也开始调整指导各国无产阶级政党的政策。1935年7月25日至8月20日，中国共产党还在长征途中，共产国际召开了第七次代表大会，季米特洛夫在会上作了《法西斯的进攻与共产国际在争取工人阶级统一、反对法西斯的斗争中的任务》的报告，向全世界无产阶级和共产主义运动提出了建立世界反法西斯主义统一战线的任务。8月1日，中国共产党驻共产国际代表团以中华苏维埃中央政府和中共中央的名义，草拟了《为抗日救国告全体同胞书》（史称《八一宣言》，并于10月1日在法

①《毛泽东传（1893—1949）》，中央文献出版社1993年版，第367页。

国中文报纸《救国报》上发表。）《八一宣言》号召全国人民团结起来，停止内战，一致抗日，组织国防政府和抗日联军。11月初，参加共产国际七大的中华全国总工会驻赤色职工国际代表张浩（林育英）历经千辛万苦从莫斯科来到瓦窑堡，向中共中央传达共产国际关于建立反法西斯统一战线的精神，由此也恢复了中共中央和共产国际中断了一年多的联系。

张浩到达瓦窑堡后，与张闻天彻夜长谈，口头传达了共产国际第七次代表大会的精神和对富农的政策以及季米特洛夫在“七大”上关于建立反法西斯统一战线的报告，这个报告论证了统一战线的基本精神，要改变以往对社会民主党的策略，不再将中坚力量看作最危险的敌人，建立反法西斯统一战线和人民阵线的精神①，为瓦窑堡会议的召开做了直接的准备。此后，在瓦窑堡会议召开前，张闻天主持政治局会议讨论陕北土地问题时就请张浩出席。会上，张浩的发言明确提出了“反对富农要注意”、现在不要提“没收富农，消灭富农”。他还提出现在可以提“人民共和国”②。

受此影响，在1935年11月29日召开的中共中央政治局会议上专门讨论统一战线问题时，张闻天对于实现统一战线的策略，有不少新认识、新发展，提出要同党内“左”倾关门主义开展最坚决的斗争等。在富农问题上，中共中央也开始改变了以往的策略。12月6日，在由张闻天主持的政治局会议上，明确了对富农政策的转变：“现在我们要在全国范围内争取广大群众到革命方面来，反对我们的主要敌人日本帝国主义及蒋介石。因此富农的态度的变更，我们是欢迎的。我们现在如果采取加紧反对富农的政策，把他们推到地主豪绅方面去，显然是不适宜的。”③可以看出，在瓦窑堡会议召开前，来自共产国际的有关政策转变的精神其实已经改变了中共中央对统一战线和有关富农问题的看法。

---

① 郭洪涛：《郭宏涛回忆录》，中共党史出版社2004年版，第105页。

② 程中原：《转折关头张闻天在1935—1943》，当代中国出版社2011年版，第77页。

③《中共中央文件选集》（10），中共中央党校出版社1985年版，第585—586页。

毛泽东在瓦窑堡旧居

最后，继续反对“左”的冒险主义的需要。“左”的冒险主义是土地革命后期第五次反“围剿”失败和中央红军被迫长征的主要原因。在长征中，1935 年 1 月召开的遵义会议事实上确立了毛泽东为核心的中共中央的正确领导，在极端危急的情况下挽救了党、红军和中国革命，成为党的历史上生死攸关的转折点，随着中央红军胜利到达陕北，毛泽东率领中央红军与红十五军联合作战，取得直罗镇战役胜利，粉碎了国民党军队对陕甘根据地的第三次围剿，加上同共产国际联系的恢复和全国抗日救亡运动高潮的兴起，中国革命摆脱了危机，走出了困境，走向了新的阶段。在这样一个历史转折关头，中共中央需要继续纠正“左”的冒险主义错误，形成新的政治路线，推动全面抗战形势以及党的建设和军队建设的新的发展。

二、会议的进程和主要内容

在瓦窑堡会议上，张浩首先以《在历史转折关头》为题做了发言，就共产国际第七次代表大会精神和《八一宣言》做了传达。

由于他离开莫斯科的时候，共产国际七大还没有开完，因此没有带回文件，所以他仅凭记忆传达了共产国际为适应新形势的发展，改变在“第三时期”的“左”倾政策，实现革命战略转变的主要精神。根据张闻天夫人刘英的回忆：“瓦窑堡会议结束以后，张闻天高兴地和我谈到张浩对会议的胜利召开、《决议》的形成所做的贡献，他讲张浩回国对我帮助很大，带回共产国际的指示，帮助我们决定了抗日民族统一战线策略方针。”①

在张浩报告的基础上，会议讨论了形势及任务，决定建立最广泛的民族统一战线，规定党的策略路线是“发动、团结与组织全中国全民族一切革命力量去反对当前主要的敌人——日本帝国主义与卖国贼头子蒋介石”。会议在讨论抗日民族统一战线的政策方针时，发生了争论。在毛泽东讲了对抗日民族统一战线问题的看法后，博古在发言中不同意毛泽东关于民族资产阶级的分析，他引用了斯大林的话，说“中间势力是最危险的”。第二天毛泽东又发言，反驳博古的观点，阐明了民族资产阶级参加抗日民族统一战线的可能性。毛泽东尖锐地质问：“难道这样做（指联合民族资产阶级）就是对祖宗不忠，对祖先不孝吗？”在毛泽东和博古争论的过程中，张闻天和毛泽东“完全站到一条战线上”②。

这次会议的最终成果主要体现在三个重要的文件上，一个是张闻天起草的《关于目前政治形势与党的任务的决议》，一个是毛泽东起草的《中共中央关于军事战略问题的决议》，一个是毛泽东在会后第二天所作的《论反对帝国主义的策略》的报告。

《关于目前政治形势与党的任务的决议》（下称《决议》），分为六个部分：即目前形势的特点、党的策略路线、国防政府与抗日联军、苏维埃人民共和国、党内主要危险是关门主义、为扩大与巩固共产党而斗争。

《决议》首先指出，当前国内形势最基本的特点是日本帝国

---

①强铁牛：《转折关头——党中央在瓦窑堡》，中共中央党校出版社2006年版，第129页。

②《回忆张闻天》编辑组：《回忆张闻天》，湖南人民出版社1985年版，第98页。

主义者“正准备吞并全中国，把全中国从各帝国主义的半殖民地变为日本的殖民地”。在这种新形势下，“中国政治生活中的各阶级、阶层、政党以及武装势力重新改变了与正在改变着它们之间的相互关系”。民主革命的新高潮提醒了工人阶级和农民中的落后阶层，广大小资产阶级群众和知识分子已转入了革命，一部分民族资产阶级，许多乡村富农和小地主以至一部分军阀，也有对革命“采取同情中立”的态度以至有“参加的可能”“即使在地主买办阶级阵营中间也不是完全统一的”。

在中日矛盾激化的情况下，必须要建立最广泛的民族统一战线策略。“我们的任务，是在不但要团结一切可能的反日的革命力量，而且要团结一切可能的反日同盟者。是在使全国人民有力出力，有钱出钱，有枪出枪。有知识出知识。不使一个爱国的中国人不参加到反日的战线上去。这就是党的广泛的民族统一战线策略的总路线。”特别是对于民族资产阶级，《决议》指出：“一部分民族资产阶级与军阀，不管他们怎样不同意土地革命与苏维埃制度，在他们对于反日反汉奸卖国贼的斗争采取同情，或善意中立，或直接参加之时，对于反日战线的开展是有利的。”同时，形势的发展也为利用地主买办阶级营垒中间的矛盾和分歧，来争取暂时的同盟者的策略提供了政治可能性。

为了推动抗日民族统一战线的建立和发展，《决议》提出要成立国防政府与抗日联军的主张，并提出为了适应抗战需要，要把共和国名称改变为“苏维埃人民共和国”“更充分地表明苏维埃自己不但是代表工人农民的，而且是代表中华民族的”。同时，调整人民共和国的政策。比如，要改变对富农的政策。富农的财产不没收，富农的土地，除封建剥削之部分外，不论自耕的还是雇人耕种的，均不没收。要采取比过去宽大的政策对待民族工商业资本家。欢迎他们到苏维埃人民共和国领土内投资，开设工厂与商店，保护他们生命财产之安全，尽可能地减低租税条件，以发展中国的经济。保护一切对反日反卖国贼运动有利的工商业。在国际上，苏维埃人民共和国的外交政策则是：建设于不放弃一切可能争取反对日本帝国主义和中国卖国贼的胜利的基础之上，同一切和日本帝国主义及其走狗卖国贼相反对的国家、党派，甚至个人，进行必要的谅解、妥协、建立国交、订立同盟条约等等的交涉。谁愿为着自己的利益的同时有利于苏维埃人民共和国抗日讨卖国贼的斗争者，苏维埃政府均愿与之发生有益的关系。

在建立抗日民族统一战线过程中，党内的主要危险是关门主义。为此，全党必须同党内的“左”的关门主义的倾向作坚决的斗争。如果继续奉行关门主义，带来的严重危害“必然是使党脱离群众，使党放弃争取中国革命的领导权的任务”。因此，党必须坚决反对“左”的关门主义，大胆地运用广泛的统一战线，深入千千万万的群众中去。为了完成中国共产党在伟大历史时期所担负的神圣任务，必须在组织上扩大与巩固党。在新的大革命中，共产党需要数十万至数百万能战斗的党员，才能推动中国革命取得彻底的胜利。因此，《决议》指出，一切愿意为共产党的主张而奋斗的人，不问他们的阶级出身如何，都可以加入共产党，一切在民族革命与土地革命中涌现的英勇战士，都应该吸收入党，担负党在各方面的工作。

“不从积极的战斗需要出发，而从恐惧观念出发的组织问题上的关门主义，必须彻底的击破”。“应该使党变为一个共产主义的熔炉，把许多愿意为共产党主张而奋斗的新党员锻炼成为有最高阶级觉悟的布尔什维克的战士。”①党内两条战线的斗争与共产主义的教育就是达到这一目的的方法。党不惧怕某些投机分子的侵入，党用布尔什维克的政治路线与铁的纪律去保证党的组织的巩固。

军事战略问题也是瓦窑堡会议的重要议题。瓦窑堡会议于12月23日听取了毛泽东《军事战略问题》的报告，并通过了《中共中央关于军事战略问题的决议》。毛泽东的报告分为三个部分，即战略方针、作战指挥上的基本原则、关于行动的方针：

---

① 中共中央文献研究史，《建党以来重要文献选编》第12册，中央文献出版社2011年版，第549页。

1935年12月27日，毛泽东在党的活动分子会议上作题为《论反对日本帝国主义的策略》报告

拿主要的三个步骤，达到打通苏联与巩固发展现有苏区的任务。在毛泽东报告的基础上，会议当天就形成了《中共中央关于军事战略问题的决议》。《决议》确定“在以坚决的民族战争反抗日本帝国主义进攻中国总任务之下，首先须在一切政治的军事的号召上与实际行动上，确定‘把国内战争同民族革命战争结合起来’的方针。”并提出“准备直接对日作战”“扩大红军”的方针，确定红一方面军行动部署的基础应该放在“打通苏联”与“巩固扩大现有苏区”这两个任务之上，并把“打通苏联”作为中心任务。同时提出了游击战争对于战胜日本帝国主义及汉奸卖国贼有着很大的战略上的作用。对此，瓦窑堡会议还提出了十条相关的指导原则，确定要做好渡黄河的准备[①]。

在中国革命的转折关头，瓦窑堡会议写下了中国革命历史的新篇章。会议一结束，毛泽东、张闻天就立即为传达贯彻会议精神而紧张地工作着。12月27日，中共中央在瓦窑堡龙虎山脚下

① 中共中央文献研究史，《建党以来重要文献选编》第12册，中央文献出版社2011年版，第521—528页。

西北办事处的礼堂里，召开了党的活动分子会议。会议由张闻天主持，毛泽东在会上根据瓦窑堡会议决议作了《论反对日本帝国主义的策略》的著名报告，系统、精辟地阐述了抗日民族统一战线的策略。毛泽东从日本帝国主义要变中国为独占的殖民地所引发的国内阶级关系、政治关系的变化出发，分析了民族资产阶级的变化，指出："民族资产阶级是一个复杂的问题"，"我们认为民族资产阶级的态度，在今天的时局下，有起变化的可能性"。因此，"党的基本的策略任务是什么呢？不是别的，就是建立广泛的民族革命统一战线"[①]。面对新的革命形势和新的任务，党必须要把工农共和国转变为人民共和国，既代表工人阶级、农民阶级的利益，也代表民族的利益，在坚决反对党内的关门主义错误，在自力更生光复旧物的基础上积极争取外援。

三、会议的影响

瓦窑堡会议结束后，为了推动会议精神的贯彻和落实，中共中央连续召开了一系列中央政治局会议，推动转变各项政策，全面部署工作。12 月 29 日政治局会议讨论北方局工作方针和组织领导。1936 年 1 月 2 日讨论新形势下组织工作的转变。1 月 3 日讨论了工会工作怎样纠正"左"的倾向，按照统一战线策略来发展工人运动。1 月 10 日和 17 日先后召开常委会和政治局会议，决定红军渡黄河东征的作战方针。1 月 22 日政治局会议在会议精神指导下讨论了少共（即青年团）工作。为了贯彻瓦窑堡会议确定的新政策，1 月 27 日张闻天还主持拟定了《中共中央为转变目前宣传工作给各级党部的信》。这封信指出："必须以最痛切最警惕的宣传去指出亡国灭种的大祸，已经临近在全中国民众的头上。不愿当亡国奴的中国人，不分阶级、派别、团体、队伍，都应该联合在一条战线上，以民族革命战争去战胜共同的主要敌

①《毛泽东选集》第 1 卷，人民出版社 1991 年版，第 152 页。

人。”特别是此信要求各级党部“根据目前形势与党的政策路线来检查我们过去的宣传工作”，纠正有些同志还存在的“杀尽地主富农”“杀尽反革命、杀尽团保甲”等错误思想和口号。[①]在中央的大力推动下,全党完成了革命转折关头重大政策的转变,为建立广泛的抗日民族统一战线打开了新局面。

作为遵义会议的继续和发展，瓦窑堡会议克服了党内“左”倾冒险主义，克服了关门主义的错误，确定了建立抗日民族统一战线的政策，开始解决抗日战争新形势下党的政治路线问题，奠定了抗战取得胜利的重要政治基础。同时，瓦窑堡会议在深入总结两次国内革命战争和长征经验教训的基础上，批判了“左”倾教条主义在政治策略上的错误，要求全党充分汲取大革命中无产阶级放弃领导权而导致革命失败的惨痛教训，牢牢把握党对抗日民族统一战线的领导权。

瓦窑堡会议坚持反对革命中的幼稚病，贯彻了共产国际“七大”的精神，提出了“抗日民族统一战线”“人民共和国”等政治主张，在新的条件下深化了对民族资产阶级两重性阶级特点的认识,并且提出了在运动战中重视游击战争战略作用的重大观点。

瓦窑堡会议在抗战新形势下，提出了扩大共产党队伍和组织的任务。为了实现这一任务，会议对中国共产党的建设做出了重大贡献，在纠正了成分建党论的错误后，提出思想建党论的新观点，同时提出进一步重视党内教育的问题，“应该使党变为一个共产主义的熔炉”“党不惧怕非无产阶级党员政治水平的不一致，党用共产主义教育去保证提高他们到先锋队地位”[②]。瓦窑堡会议提出的这些重大观点进一步推动了革命时期全党对建设一个什么党、如何建设党这一历史课题的探索和回答，为毛泽东党建学说的形成做出了重大贡献。

① 张培森主编:《张闻天年谱(1900—1941)》上卷(修订版)，中共党史出版社2000年版，第209页。
② 《建党以来重要文献选编》第12册，中央文献出版社2011年版，第549页。

第二章

谋划新局　解决难题

中央政治局会议

（1936 年 12 月 13 日—19 日）

1936 年 12 月 12 日，西安事变爆发。有人说，张学良、杨虎城是在中国共产党指挥下发动了事变，甚至还有人说毛泽东已经坐镇西安，并召集前方各将领训话……那么，中国共产党是否参与了西安事变的谋划呢？西安事变发生后，中国共产党又是如何应对的呢？

一、会议召开的背景

华北事变后，中日民族矛盾不断激化并上升居于支配地位，国内阶级矛盾则处于被支配的地位。面对日本帝国主义的侵略和中日民族矛盾的上升，国内政治环境出现了复杂变化，国共两党开始积极谋求第二次合作。

（一）国共两党的合作谈判

1935 年，日军在华北制造的一系列侵华事件，充分暴露了日本帝国主义灭亡中国，把中国变成它的殖民地的野心。从 1935 年起，蒋介石开始加紧与苏联的联系，谋求苏联的援华抗日。苏联方面则提出，国共两党结成抗日民族统一战线，才能有效抗日。中苏两国关系的逐步改善，间接推动了国共两党改善关系。国民党与共产党通过多种途径就合作抗日问题进行了多次谈判。

1935 年秋至 1936 年初，蒋介石委派驻苏武官邓文仪设法打通与中共的联系。1936 年初，中共驻共产国际代表王明与邓文仪在莫斯科进行了多次会谈，双方关于建立抗日民族统一战线的原则基本达成了共识。但由于王明对国内实际革命斗争情况并不了解，双方很难就合作方法拟定具体内容，特别是国民党方面希望借助中共的力量获取苏联援助的意图更大，因而双方的会谈未能达成实质性内容的一致。

1935 年底至 1936 年秋，蒋介石委派 CC 派陈立夫在国内寻找打通与中共的联系。陈立夫的亲信曾养甫及下属谌小岑等通过中国大学教授、历史学家吕振羽联系上了时任中共北平市委宣传部部长的周小舟。周小舟多次奔赴南京与国民党方面代表谈判，国民党方面承诺停止向红军发起军事进攻，共产党方面承认国民党的主导权，但在政府组织和军队组织等关键性问题上，双方未能取得共识。

1936 年初至年底，蒋介石委托宋庆龄、宋子文等设法联系中共。其间，国民党方面曾委托中共党员董健吾、张子华等赴保安转达国民党合作抗日的意向。同年 9 月，中共派出正式代表潘汉年前往上海，与国民党代表陈立夫会谈。在会谈中，陈立夫提出必须取消红军政权和军队，师长以上领导一律解职出洋，半年后按才录用的条件，被潘汉年严词拒绝。国民党站在“剿共”和收编的立场上开展谈判，显然没有合作抗日的诚意。

由此可见，在西安事变爆发前，国共两党关于合作抗日进行了多次试探和谈判，两党都试图通过政治的方式、谈判的方式达成合作的共识，但由于两党在政权和军队组织上的重大分歧，合作抗日始终未能取得重大突破。

（二）西安事变的爆发

蒋介石一方面通过各种不同的渠道试图“收编”红军，另一方面又不断对根据地发起军事进攻，武力围剿红军。12 月 4 日，蒋介石从洛阳抵达西安，设行辕于临潼华清池，图谋“以资震慑，而挽危局”[①]，扬言至多一个月即可消灭陕甘地区的红军，荡平中共的根据地。张学良、杨虎城多次劝谏甚至哭谏，蒋不仅不为

① 张友坤，钱进编：《张学良年谱》（下），社会科学文献出版社 1996 年版，第 1105 页。

所动，还严斥张学良。

12 月 9 日，东北救亡总会和西北救亡总会为纪念一二·九运动一周年，组织西安学生游行示威，要求停止内战、一致抗日。游行中，国民党军警枪伤了一名小学生，引起学生愤怒，有人质问张学良：“现在华北特殊化了，眼看日寇就要全面进攻，国家命运是你们拿枪的掌握着，你们的枪还要打自己人，是何居心？”张学良泪流满面，许诺学生“一星期内用事实答复”。

12 月 10 日，张学良到临潼见到了蒋介石，商议应对学生示

西安事变旧址

威之策，蒋介石大声斥责张学良没有使用武力镇压。当日，蒋介石召开会议，正式通过了第六次“围剿”红军的计划，并决定在1936年12月12日宣布动员令。张学良屡次劝谏被斥，对蒋介石非常失望，决定发动“兵谏”，迫使蒋介石停止内战，一致抗日。

12月11日上午，张学良派黎天才去向蒋介石做最后的诤谏，但蒋斥责黎天才的政训处对共产党听之任之，致使西安变成红城。得到黎天才的汇报后，张学良晚上6时召集骑兵第六师师长白凤翔、骑兵第十八团团长刘桂五及警卫营营长孙铭九到金家巷，制定了行动方案，并向他们交代任务：去临潼“请蒋委员长进城共商救国大事”，并叮嘱千万“不要伤害委员长”。

12月11日晚，张学良和杨虎城分别召见东北军和十七路军高级将领，宣布12月12日清晨6时发起“兵谏”。12月12日5时，东北军奉命到华清池捉拿蒋介石，蒋介石从卧室窗户跳出，摔伤后背，躲在一块大石头后面，被发现后扣押。同时，十七路军扣留了在西安城内的陈诚、邵力子、蒋鼎文、陈调元、卫立煌、朱绍良等国民党军政要员，邵元冲等人遇难西安事变爆发。

蒋介石被扣押后，张学良、杨虎城立即通电全国，陈述发动事变原委，并提出八项救国主张：一是改组南京政府，容纳各党各派共同负责救国。二是停止一切内战。三是立即释放上海被捕之爱国领袖。四是释放全国一切政治犯。五是开放民众爱国运动。六是保障人民集会结社一切之政治自由。七是确实遵行总理遗嘱。八是立即召开救国会议。

西安事变的爆发打断了国共两党试图通过谈判的方式取得第二次合作的共识，但也给一直拖延无法解决的谈判带来了转机。那么，中国共产党是如何应对西安事变的呢？

二、会议的进程和主要内容

由于西安事变事发突然，加之情况复杂多变，中共中央只能凭借以往的政治经验和了解来应对西安事变。随着时间的推移和情况的明朗，中共中央对西安事变的判断和把握从“审蒋”逐渐转向“释蒋”，从而推动了西安事变的和平解决。

（一）中共中央政治局第一次会议

中国共产党事先并不知道西安事变即将发生。12 月 12 日清晨，张学良致电毛泽东、周恩来：“吾等为中华民族及抗日前途利益计，不顾一切，今已将蒋等扣留，迫其释放爱国分子，改组联合政府。兄等有何高见，速复。”① 稍后，张学良、杨虎城又联名电邀中共中央派人来西安共商大计。

虽然此前中国共产党与张学良达成了秘密的停战协定，也试图通过张学良影响蒋介石，以达到“逼蒋抗日”的目的，但从未想过蒋介石会被扣押。所以，当中共领导人收到张学良的来电后，一时难以置信，一方面给张学良致电确认，一方面向共产国际汇报，最后确信蒋介石确已被扣。

蒋介石被扣留的消息传到陕甘苏区后，根据地军民喜出望外，纷纷拍手称快，要求对蒋介石进行严惩。当时在保安中共中央机关工作的邓颖超，听到消息后，跑到院子里，和同志们一起又唱又跳，以为蒋介石一定会被处死。在定边工作的李维汉后来回忆说：“我们在定边获此消息，欣喜若狂，当即在大庙里召开群众大会，由高岗主持，广为宣传，与会群众高呼：‘枪毙蒋介石！’会后，我们致电党中央反映了群众的愿望。”②

长期以来，由于蒋介石大肆进攻“围剿”红军，屠杀共产党员，国共两党积怨甚深，加之长期以来的“打倒蒋介石”的宣传已经深深植根于广大指战员心中，因而，无论是中央领导还是边区的群众，在获知蒋介石被扣的消息后，都高兴得手舞足蹈，多年的斗争对象终于被扣留了。对蒋介石“仇恨”的情感因素无可避免地反映到了 12 月 13 日召开的中共中央政治局扩大会议上。

---

①《毛泽东年谱（1893—1949）》（修订本）上卷，中央文献出版社 2013 年版，第 621 页。

② 李维汉：《回忆与研究》（上），中共党史资料出版社 1986 年版，第 383 页。

在讨论西安事变的政治局会议上，与会者肯定了西安事变的爱国性质和革命意义，西安事变的爆发打破了由蒋介石控制的局面，推动了抗日局面的发展。在对形势的分析方面，毛泽东做出了两方面的估计：一是日本有可能拉拢南京政府使其成为亲日派傀儡政府；一是各地方实力派，南京政府派，包括孔宋、黄埔、CC 各系均有某些部分可能转到西安方面来，在西安形成一个不叫政府的实质性的政府，迫使南京政府直接统治的七省就范，提出“以西安为中心来领导全国，控制南京”。周恩来对形势有不同的看法，他认为，南京方面的军事力量照旧，一旦进攻西安，会爆发大规模的内战，“日本将会在南京搞政变，在沿海地区增兵。为防止日本变南京为傀儡政府，我们在政治上不要与南京对立”。要稳定及争取黄埔系、CC 派、元老派、欧美派，推动他们赞成西安事变，团结抗日。具体地说，是要争取林森、宋子文、孔祥熙、孙科、冯玉祥，孤立何应钦。同时，深入发动群众运动，巩固地联合西北三方抗日力量，把西安变成抗日的中心。在抗日援绥的口号下联合阎锡山，联合刘湘，这是我们的两翼，再进一步联合西南桂系，以造成对华东的包围。东南七省是南京的势力，这是我们要争取的对象。对政府问题，他说：“将来，（西安）或以陪都形式出现，更为有力。”

应当说，中共中央对亲日派的估计是恰当的。西安事变爆发后，亲日派何应钦就掌握了南京的军事大权，被任命为“讨逆军”总司令，他派大军威逼西安，派飞机轰炸华县、渭南。同时，西安事变爆发当天，南京即电召当时在欧洲治疗伤病的汪精卫立刻回国。汪精卫得知西安事变消息后，得意忘形，与其在国内的同伙电报频传，密谋策划，也企图获得国民政府最高领导职位。

但地方实力派、亲英美派的表态与中共中央的估计却是不同的。中共中央原本预计，张、杨振臂一呼，各地会群起反响，然而，当西安事变的消息被外界获知的时候，各方舆论纷纷讨伐张、杨。在国民党内部，不仅蒋的嫡系，就是那些非蒋派系也没有脱离南京而倒向西安。张、杨和中共都寄予厚望的冯玉祥历史上多次反蒋，当时也备受歧视，他身为南京国民政府军事委员会副委员长，却有职无权。即便如此他也不支持张、杨扣蒋，反而要求张、杨立刻无条件释蒋，他本人还愿为此而充当人质。那些平时与蒋矛盾较深的地方实力派，也没有像人们预计的那样响应张、杨行动，除李济深通电同情和声援西安事变外，绝大多数则采取观望和中立态度，既不赞成南京讨伐西安，也不支持张、杨扣蒋。

至于阎锡山，原来都以为他会站到西安一边来，可是事变爆发后他态度暧昧，向张、杨提出一连串质问，企图把蒋介石弄到太原去，从中渔利。拥护抗日民族统一战线方针、反对蒋介石“攘外必先安内”政策、在抗日救亡运动中发挥了重要作用的全国各界救国联合会，西安事变后发表宣言，表示不支持张、杨的“兵谏”行动，希望西安方面迅速释放蒋介石。当时国内舆论对西安相当不利，各地报刊纷纷谴责张、杨，要求立刻无条件释蒋。

12 月 15 日，由上海《申报》牵头，全国 200 多家报社和通讯社联名发表《全国新闻界对时局共同宣言》，要求张、杨即日恢复蒋介石自由，安全护送其出境。新闻界著名人士、《大公报》主笔张季鸾，在西安事变期间接连为《大公报》撰写了四篇社评，其中 12 月 18 日发表的第三篇题为《给西安军界的公开信》，敦促事变发动者和参加者从心坎里悲悔认罪，赶快向蒋介石“谢罪”。南京将此文翻印几十万份，派飞机到西安附近上空散发。上述情况说明，西安事变后，错综复杂的形势对于张、杨来讲非常不利。

对形势认识上的分歧自然就会影响到如何处置蒋介石、如何对待南京政府。有人提出“要求罢免蒋介石，交人民公审”，甚至有人主张“把蒋介石除掉”。张闻天仍坚持逼蒋抗日的主张，他提出“我们不采取与南京对立方针”，“尽量争取南京政府正统，联合非蒋系队伍。在军事上采取防御，政治上采取进攻”。目的就是要把局部的抗日统一战线转到全国性的抗日统一战线上来。

由于会议上大家的分歧比较大，毛泽东在总结中提出：“为了争取群众，我们对西安事变不轻易发言。我们不是正面反蒋，而是具体指出蒋介石个人的错误，不把反蒋抗日并列，应该把抗日援绥的旗帜突出起来。”[1]

12月15日，在毛泽东、朱德、周恩来等红军将领联名发表《关于西安事变致国民党、国民政府的电报》中，可以窥测中央对西安事变的态度。“电报”肯定了西安事变的积极意义，明确表示支持张、杨提出的八项主张，重申中国共产党关于国共合作、化敌为友、共赴国难的政策，要求南京国民党当局“罢免蒋氏，交付国人裁判，联合各党、各派、各界、各军，组织统一战线政府”[2]。

（二）中共中央政治局第二次会议

12月12日，中共中央在收到张学良的电报后，立即决定派周恩来、博古（秦邦宪）、叶剑英前往西安，亲临事变发生地，了解各方情况，与张、杨共商大计。周恩来一行从保安骑马到延安，改乘张学良派来的飞机于17日下午到西安。他在飞机上听取了中共驻东北军代表刘鼎的汇报，当晚与张学良举行会谈，了解到许多在保安难以知道的情况：张学良发动“兵谏”的目的不是伤害蒋，只是逼他抗日；蒋只要放弃“攘外必先安内”政策，实行抗日，张仍拥戴他为领袖；蒋介石在被扣初期态度恶劣，拒绝与张谈任何问题，现在可以谈抗日问题了；就在周恩来到达西安之前，根据张、杨要求，蒋鼎文携带蒋介石给何应钦停止军事行动三天的手令，已从西安飞赴南京；以宋美龄、宋子文和孔祥熙为首的南京主和派，极力主张用和平方法救蒋，先派端纳来陕见蒋，现又决定派宋子文来西安与张、杨会谈；南京对张学良已下“讨伐令”，刘峙指挥的东路“讨逆军”已有5个师进入潼关威逼西安；作为“讨逆军”骨干的黄埔系青年军官胡宗南、黄杰、邓文仪等275人于12月14日致电张学良，表示他们绝对忠于蒋介石，“早已将整个生命，交付于领袖”，要求张、杨即刻恢复蒋之自由，否则他们将“不顾一切，悉力以赴”，与张、杨“不

---

①中共中央文献出版社编：《毛泽东年谱（1893—1949）》上卷，中央文献出版社1993年版，第420页。
②《建党以来重要文献选编（1921—1949）》第13册，中央文献出版社2011年版，第415页。

共戴天”；“讨逆军”东、西两线的指挥将领刘峙、顾祝同以及樊崧甫、关麟征等其他重要将领同一天也致电张学良，要求即刻释放蒋介石，并说如释蒋则任何问题无不可从长计议，尽量采纳，见诸实施。

上述情况表明，蒋介石虽在西安被扣，但他的军队仍完整无损；他虽在西安成了“阶下囚”，仍能支配南京政府，指挥国民党军队。此时如何处置蒋，确实成了“和”与“战”的关键。周恩来通过与张学良会谈，进一步明确了西安事变只有和平解决，才能对民族、对革命有利。与张会谈后，他当晚致电中共中央和毛泽东，除报告到西安后了解的各方情况外，还对蒋的处置问题提出意见：“答应保蒋安全是可以的，但声明如南京进兵挑起内战，则蒋安全无望”。他的这个建议实际上已被中共中央采纳。

12 月 18 日中共中央就西安事变问题致电国民党中央，向他们指出：“武力的讨伐，适足以杜塞双方和解的余地。”中共中央呼吁国民党中央“毅然决然立刻实行”全国人民的迫切要求。主要有以下几方面：召集有各党各派各界各军参加的抗日救国代表大会，决定对日抗战，组织国防政府和抗日联军；将讨伐张、杨和进攻红军的中央军，全部增援晋绥前线，承认红军、东北军和十七路军的抗日要求；停止一切内战，一致抗日，等等。电文最后指出：“本党相信，如贵党能实现上项全国人民的迫切要求，不但国家民族从此得救，即蒋氏的安全自由当亦不成问题。”[①]这表明，中共中央对蒋的处置方针已开始转变，由要求“审蒋”“除蒋”改为有条件地释放蒋介石了。

与此同时，共产国际经与斯大林及苏共中央主要领导人磋商后，于 12 月 16 日向中共中央发出由总书记季米特洛夫签署的电报，指出：“不管张学良意图如何，他的发动在客观上只能对团结中国人民建立抗日统一战线起破坏作用并刺激日本对中国的侵略”“既然这一发动已经完成，就应当考虑既成事实”并提出四

---

① 中央档案馆：《中共中央抗日民族统一战线文件选编》（中册），档案出版社 1985 年版，第 322 页。

项条件，要中共以此为基础“和平解决冲突”[1]。

中共中央根据形势的变化以及共产国际的指示，在综合分析了各方因素的情况下，于12月19日召开了政治局扩大会议，全面分析了国际国内复杂紧张的政治形势，从中华民族和中国人民的长远利益出发，确定了和平解决西安事变的基本方针。会议通过了公开发表的《中华苏维埃中央政府、中共中央对西安事变通电》，强调“非抗日无以图存，非团结无以救国”，号召国共两党停止内战，各党、各派积极促成和平会议的召开。会议还通过了在党内公开发表的《中共中央关于西安事变及我们的任务的指示》，分析了西安事变产生前的形势，肯定了西安事变的积极意义，指出西安事变发展的两个前途：一是西安事变会引发内战，在某种程度上会促使民族改良派走向亲日，削弱全国抗日力量，推迟全国抗战的发动；二是西安事变结束了内战、团结各党、各派、各界各军走向一致抗日的道路。

为了实现第二个前途，中共中央提出了四项基本方针：第一，坚持停止一切内战、一致抗日的组织者与领导者的立场，反对新的内战，主张南京与西安间在团结抗日的基础上和平解决。第二，用一切方法联合南京左派，争取中派，反对亲日派，以达到推动南京走向进一步抗日的立场，揭破日寇及亲日派利用拥蒋的号召，发动内战的阴谋。第三，同情西安的发动，给张、杨以积极的实际的援助（军事上的与政治上的），使之彻底实现西安发动的抗日主张。第四，切实准备讨伐军进攻时的防御战，给讨伐军以严重的打击，促其反省，这种防御战不是为了要以扩大内战的方针代替一致抗日的方针，而依然是为了促成全国性抗日统一战线的建立与全国性抗日战争的发动。

由此，和平解决西安事变的方针正式确定下来。周恩来根据中共中央的方针指示，广泛联系西安各界人士，积极参与张、杨、宋氏兄妹的谈判，努力促成事变的和平解决。12月25日，蒋介

①《共产国际有关中国革命的文献资料》第3辑，中国社会科学出版社1990年版，第11页。

石在张学良的陪同下离开西安抵达洛阳，西安事变宣告和平解决。

三、会议的影响

事实证明，中共中央在西安事变中，根据不断变化的国际国内局势适时调整方针政策和具体措施是非常英明正确、坚定果决的，为和平解决西安事变、推动抗日高潮的到来，发挥了不可或缺的重要作用，为抗日战争的最后胜利奠定了坚实的基础。

根据两次中央政治局会议的指示，中共中央采取了一系列切实有效的措施推动了西安事变的和平解决。首先，派重要同志协调紧张对立局势。西安事变发生后，中共中央在尚未得到张学良明确答复的情况下，就派周恩来从保安出发前往延安，做好飞赴西安的准备。周恩来抵达西安后，立即同张学良、杨虎城等会谈，阐明中共的政治主张；广泛联系西安各界人士，帮助大家认清国内外局势，引导建立抗日民族统一战线；与宋氏兄妹和蒋介石直接对话，说服蒋介石同意抗日。其次，积极督促南京国民政府。12 月 15 日，毛泽东、朱德、周恩来等 15 位红军将领联合致电国民党、国民政府，呼吁“停止正在发动之内战”“抗御日寇”[①]。12 月 18 日、19 日又接连发电，呼吁停止内战，团结救国。再次，中共中央还发动民众积极声援张、杨。中共中央不仅号召西安及周边各县民众拥护张、杨主张，还指示北方局和刘少奇“应发动民众要求南京政府接受张学良之八项抗日要求”[②]。另外，中共中央还积极争取地方实力派和国民党军队的同情，号召各方拥护张、杨的八项政治主张。中国共产党采取了一系列行之有效的措施，积极引导各方力量，最终促成了西安事变的和平解决。

西安事变和平解决后，中共中央在 12 月 27 日举行政治局扩大会议。毛泽东在会上指出：“西安事变成为国民党转变的关键。

---

①《建党以来重要文献选编（1921—1949）》第 13 册，中央文献出版社 2011 年版，第 415 页。

② 中央档案馆编：《中国共产党关于西安事变档案史料选编》，中国档案出版社 1997 年版，第 195 页。

没有西安事变，转变时期也许会延长，因为一定要有一种力量逼着他来转变。西安事变的力量使国民党结束了十年的错误政策，这是客观上包含了这一意义。就内战来说，十年的内战，以什么来结束内战？就是西安事变。西安事变结束了内战，也就是抗战的开始。”[①]西安事变的和平解决，从客观上结束了国共两党十年对峙的内战局面，为国共两党再次合作奠定了基础，推动了抗日民族统一战线的建立和抗日高潮的到来。

延安会议

（1937 年 3 月 23 日至 31 日）

毛泽东的一生经历了无数的挫折挑战，然而，1960 年斯埃德加·诺采访他的时候，问他一生中最黑暗的时刻是什么时候时，毛泽东出人意料地回答说是 1935 年在长征途中，与张国焘斗争的时候。“当时党面临分裂，甚至有可能发生前途未卜的内战。”[②]与张国焘的斗争有多惊险，中共中央又是如何解决的呢？

一、会议召开的背景

1935 年 6 月 25 日，夹金山下的两河口，清早刚刚布置好的欢迎会场，就被接踵而至的阴雨笼罩了。毛泽东率领着中共中央政治局委员们和一些高级军政干部四五十人，立在路旁冒雨迎接红四方面军领导人张国焘的到来。久经战争考验的两方面军，相见之后，自然是热情快乐的。

6 月 26 日上午，中共中央在两河口村的关帝庙里召开了政治局会议，讨论战略方针问题。会议首先由红军总政委周恩来作

① 中共中央文献研究室编：《毛泽东传》第 1 卷，中央文献出版社 2011 年版，第 425 页。

② 埃德加·斯诺：《红星照耀中国》修订版注释，河北人民出版社 1992 年版，第 373 页。

报告，他简单回顾了红军长征和遵义会议的经过，主要谈了目前的行动方针。他建议向北进攻，在川、陕、甘建立根据地，一是北上便利作战，南下则多是狭窄路段，敌人容易封锁，我方不易反攻；二是该地有较为雄厚的群众基础。而松潘、理番、懋功地区人口少，且多是少数民族；三是松潘、理番、懋功地区粮食匮乏，难以解决红军的军事补给。周恩来最后还强调了战争指挥的最高原则：第一，应集中统一，指挥权集中于军委。第二，为使作战更有力量，将队伍改组为三个纵队。第三，加强政治思想工作，克服粮食、寒冷、过草地和少数民族地区等困难。①

张国焘虽然主张向甘南发展，在甘南建立根据地，但会议上绝大多数人赞成周恩来的北上方针。最后，会议通过了中央提出的北上战略方针，并责成张闻天起草决议，两河口会议在平静的气氛中结束了。

然而，张国焘与中央领导之间的矛盾却日渐加剧。中央红军自长征以来，一路恶战不断，部队出发时八万多人，到懋功时还剩下一万余人，而且枪支弹药很少，衣着也不整齐，破破烂烂，五颜六色。就是领导干部也不成样子，穿的是用藏民的氆氇做的毛坎肩，披在身上像个破口袋。反观八万多人的红四方面军，他们原来在物质条件相对较好的四川通南巴地区，部队离开根据地才一个多月，师以上的干部，每人有十几个背篓，里面装着腊肉、香肠之类的物资。无论从服装、装备、给养、军容，到战士身体情况、精神状态，中央红军都远逊于红四方面军。对于这种差别，红三军团政治部主任杨尚昆幽默地形容为“叫花子与龙王比宝”。当张国焘在两河口见到一支疲惫不堪、装备破烂的中央红军时，他的心态发生了很大变化，看不上党中央，自以为是，埋藏在他心底的政治野心也日渐勃发起来。

此后，张国焘不断以组织名义向中央提权力要求，企图获取红军最高军事指挥权、架空中央政治局的军事领导，对中央意图

①《周恩来年谱》，人民出版社 1989 年版，第 283 页。

也贯彻不力，有意拖延部队北上。为了团结张国焘，解决部队统一指挥的问题，1935 年 7 月 18 日，中共中央在芦花官寨召开了政治局常委会议，会议决定由张国焘任红军总政委，徐向前、陈昌浩任前敌部队指挥，博古任总政治部主任。

然而获得红军指挥大权的张国焘并不满足，还要和中央清算政治路线账。他在回忆录中说："我也许不宜贸然肯定中央的路线是正确的或是错误的，但苏维埃运动不是胜利了，而是失败了，却是显而易见的事实。现在所有的苏区都丧失了，红军遭受重大的损失，我们退到了藏族地区，这些失败的事实是无法否定的。至于苏维埃运动遭受挫折的原因，既不能说成是敌人飞机大炮的厉害，也不能当作只是我们军事上的失算，我认为，主要还是这一运动不合时宜，没有为广大群众所接受。遵义会议肯定中央政治路线正确，却说军事路线错了，这似乎有些倒果为因。"[①]然而，对于张国焘的见解，张闻天、博古、凯丰等人是坚决反对的。由此，张国焘与中央之间的分歧隔阂越来越深，张国焘通过政治路线的清算来树立个人权威的意图越来越明显。为了顾全大局，推动红四方面军北上，沙窝会议上，中央再次做出让步，决定增补陈昌浩、周纯全为中央委员、政治局委员，徐向前为中央委员，何畏、李先念、傅钟为候补中央委员。

即便如此，张国焘仍对北上战略方针持消极态度，在中央的反复催促下，由朱德、张国焘、刘伯承率领的左路军才在 8 月 15 日由卓克基向阿坝前进，随后进入若尔盖大草原，向班佑移动。9 月 2 日，左路军前进道路上的噶曲河涨水，张国焘以此为借口，于 9 月 3 日、4 日数次致电徐向前、陈昌浩并要求转呈中央，提出左路军难以前行的种种困难，要求右路军南下。9 月 5 日，张国焘命令左路军返回阿坝。至此，他决心一意孤行，彻底放弃北进方针。

中共中央多次致电张国焘，强调只有北上才是出路，南下将

① 张国焘：《我的回忆》第 3 册，东方出版社 1991 年版，第 258 页。

长征到达陕北的红一方面部分指战员

会使红军陷于空前未有之困难环境。9月12日，中共中央政治局在甘肃省迭部县俄界召开扩大会议。会议根据毛泽东的报告和结论，通过《关于张国焘同志的错误的决定》，但为了教育和争取张国焘，这一决定当时只是口头传达到中央委员，未向全党公布。

然而，张国焘在得知中央北上后，开展了一系列反党活动。9月15日，他在阿坝召开中共川康省委和红四方面军党员活动分子会议，攻击中央北上的方针是“右倾机会主义的逃跑路线”，并对坚决主张同中央一起北上的朱德和刘伯承施加压力。同日，张国焘以“中国工农红军总政治部”名义，发布《大举南进政治保障计划》。在张国焘强令下，由徐向前、陈昌浩带领的原属右路军的第四军和第三十军从巴西地区南下，于10月初同左路军在党坝会合。10月5日，张国焘在四川理番县卓木碉召开高级干部会议，公然宣布另立“中共中央”“中央政府”“中央军委”“少共中央”，宣布“毛泽东、周恩来、博古、洛甫应撤销工作，开除中央委员及党籍，并下令通缉”。

中共中央率领陕甘支队于1935年10月19日胜利到达陕北吴起镇，和陕甘红军一起，粉碎了敌人的第三次“围剿”，巩固和扩大了陕甘根据地。中共中央为了团结红四方面军共同北上，也为了教育和挽救张国焘本人，于1936年1月22日作出了《关于张国焘同志成立第二“中央”的决定》，指出：张国焘“成立第二党的倾向，无异于自绝于党，自绝于中国革命”。责令张国焘“立刻取消他的一切‘中央’，放弃一切反党的倾向”，同时决定向全党公布俄界会议《关于张国焘同志的错误的决定》。1936年1月24日，张浩代表共产国际致电张国焘，说明共产国际完全同意中共中央的政治路线，令其取消第二中央。张国焘被迫表示“原则同意”党中央的路线。

由于共产国际代表张浩和中共中央的坚决反对，以及朱德、刘伯承等同张国焘的坚决斗争，加上1936年2月红四方面军在天全、芦山、宝兴地区作战失败，部队由8万多人减至4万多人，张国焘在走投无路的情况下，才被迫于6月6日取消伪“中央”，成立西北局。7月27日，中央正式批准成立西北局，由张国焘任书记，任弼时任副书记。

当1936年7月初，红二、六军团（与红四方面军会师后改称红二方面军）与红四方面军在甘孜会师后，张国焘又极力拉拢与欺骗红二方面军干部支持他的反党行为，遭到红二方面军领导人任弼时、贺龙、关向应等的反对。张国焘在甘孜会议上表示同意红二、四方面军共同北上，随后又主张西进青海。由于朱德、任弼时等人的斗争，张国焘又被迫同意北上。10月8日，红军三大主力—— 一、二、四方面军终于在甘肃会宁地区会师，完成了具有伟大历史意义的长征。

二、会议的进程和主要内容

三大主力红军到达陕北后，鉴于张国焘在一、四方面军会师后的一系列错误，1937 年 1 月，在中共中央内部，开始了对张国焘错误的批判。张国焘在 1937 年 2 月 6 日不得不向党中央作了《从现在来看过去》的书面检讨，勉强承认自己“在政治上是原则性的错误，组织上是组织路线的错误”。对于张国焘的这次检讨，中央是不满意的。1937 年 2 月 27 日，凯丰在延安发表了长达三万字的《党中央与国焘路线分歧在哪里》一文，文章分为 13 部分，全面系统剖析了红一、四方面军会合后张国焘在政治形势、军事战略、红军和苏维埃建设等十几个问题上的错误，

延安会议

指出“国焘路线的性质是苏维埃运动中一种特殊形式的右倾机会主义和军阀土匪主义。可是张国焘本人却不肯认真检查承认错误。凯丰的文章为延安会议全面清算张国焘的错误作了重要的准备。1937 年 3 月间，西路军惨痛失败的消息传来，引起包括红四方面军在内的党内军内同志对张国焘右倾分裂主义错误的强烈愤慨。

为了确定党在抗日民族统一战线新形势下的新任务，系统地揭发和批判张国焘右倾分裂主义错误，1937 年 3 月 23 日至 31 日，中共中央在延安召开政治局扩大会议。出席会议的有：毛泽东、张闻天、博古、朱德、张国焘、凯丰、林伯渠、林彪、彭德怀、任弼时、贺龙、董必武、罗荣桓、廖承志、徐特立、肖劲光、胡耀邦等 56 人。

23 日到 26 日的议题是国民党三中全会后中共的任务。毛泽东指出，中日矛盾是主要的，国内矛盾降到次要的地位。我们的政策变化，国民党的政策变化，主要的根据就是这一主要矛盾。为了抗日要争取民主，是主要任务，是这次政治局会议的主要议事日程。一切都要带国防性，政治的、军事的、文化的、各方面的都是要为着抗日。他还指出：资产阶级从来都是想无产阶级服从它，做它的尾巴，这是应当着重说明的，并加紧对群众的教育。

会议从 27 日到 31 日则是集中批判张国焘的路线错误。张国焘首先作了自我检查，他承认自己在红一、四方面军会合后是犯了路线错误、退却逃跑错误、反党反中央错误，承认自己对民族革命运动、中央红军的胜利和人民群众的力量估计不足，对敌人的力量估计过高，因而悲观失望，主张退却。对北上问题，承认自己对中央的发展产生怀疑，承认后来由于朱德拥护中央，广大干部拥护中央，促使他有了转变。但是北上以后，又改为西进，仍是对民族革命运动估计不足。他表示要与自己的错误做坚决斗争，还没有认识的问题，也要很好地检查一下。

会上朱德充分说明了他在南下时期同张国焘进行的斗争。他说：张国焘从鄂豫皖时期开始，就完全是个人指挥党。他不相信党，不相信阶级，只需要个人的党，不需要布尔什维克的党。因为党和红军都是有组织原则的，而国焘不要这些原则。在会合时，他对中央极不尊重，自以为是列宁主义。这是他反党反中央的来源之一。自从宣布中央逃跑后，他更加蔑视中央。后来召集会议反对中央，不听从我的劝阻。最后，朱德还以宽厚的胸怀帮助张国焘改正错误，他说："国焘同志是老党员，但是他的思想是机械唯物论，只看形式不看内容。我希望国焘同志承认错误，应该以列宁主义为中心，把党放在前面，不要忘记了党。只有相信党才能领导革命，脱离了党的立场是没有出路的。" 张国焘对朱德是口服心服，即使在几十年后写回忆录时也没有否认这一点。

任弼时在发言中批判了张国焘在二、四方面军会合后的分裂行为。他指出：张国焘在二、四方面军会合前就召集会议做布置，只准大家说一方面军坏，不准说四方面军的缺点。二、四方面军会合后，张国焘就派人送来攻击党中央领导同志的文字材料，还派了一个"委员会"到二方面军做反中央的宣传。后来张国焘还下令要把六军团交给他指挥，并准备调换二、六军团的领导。还坚持要召集二方面军的干部会来求取一致。二方面军领导对张国焘进行了抵制，向张国焘指出他不承认中央领导的错误。任弼时说：张国焘是不想和一方面军会合的，到哈达铺后，张国焘提出由齐哈玛过黄河。经二方面军领导反对，他才放弃了原来的企图。但是张国焘还是想用主力出夏、洮，基本企图是过黄河以西，拒绝与一方面军会合，又遭到大家反对。任弼时回顾历史说："八七"会议前后，张国焘不同意党领导农民进行土地斗争；南昌起义时，他想阻止起义；"六大"时张国焘是"右"的代表；对于抗日民族统一战线，张国焘认为是幻想。任弼时认为，张国焘长期以来看不到革命的形势，阶级力量的变动。由于他在党内有很深的派别成见，到了一、四方面军会合后，便发展到了最高峰。他坚持南下，使四方面军力量消耗很大。瓦窑堡会议后，他实际上并没有什么转变。

几天会议中，发言十分热烈。彭德怀、林彪、贺龙等批判了

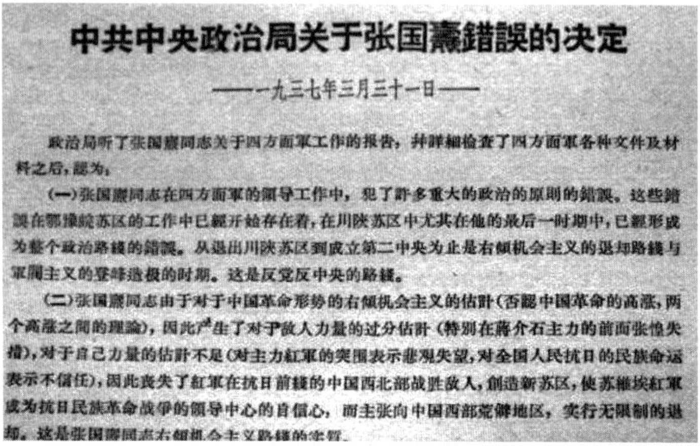

中共中央政治局关于张国燾錯誤的决定

——一九三七年三月三十一日——

政治局听了张国燾同志关于四方面軍工作的报告，并詳細检查了四方面軍各种文件及材料之后，認为：

（一）张国燾同志在四方面軍的領导工作中，犯了許多重大的政治的原則的錯誤。这些錯誤在鄂豫皖苏区的工作中已經开始存在着，在川陝苏区中尤其在他的最后一时期中，已經形成为整个政治路綫的錯誤。从退出川陝苏区到成立第二中央为止是右傾机会主义的退却路綫与軍閥主义的登峰造极的时期。这是反党反中央的路綫。

（二）张国燾同志由于对于中国革命形势的右傾机会主义的估計（否認中国革命的高涨，两个高涨之間的理論），因此产生了对于敌人力量的过分估計（特别在蔣介石主力的前面张惶失措），对于自己力量的估計不足（对主力紅軍的突围表示悲观失望，对全国人民抗日的民族命运表示不信任），因此丧失了紅軍在抗日前綫的中国西北部战胜敌人，創造新苏区，使苏維埃紅軍成为抗日民族革命战爭的領导中心的自信心，而主张向中国西部荒僻地区，实行无限制的退却。这是张国燾同志右傾机会主义路綫的实質。

中共中央政治局关于张国焘错误的决定

张国焘分裂党和红军的罪行，康克清揭露了阿坝会议期间张国焘反对中央的罪恶和对朱德、刘伯承等同志的迫害。原四方面军的傅钟、王维舟、罗世文等同志揭发了张国焘在四方面军中实行军阀统治，打击迫害革命同志的罪行。何畏等则检讨了自己追随张国焘所犯的错误。

毛泽东在 3 月 30 日的会议上作了长篇发言。他指出：张国焘路线毫无疑义是全部错误的。我们欢迎他的转变，这是中央的干部政策。张国焘的哲学，一言以蔽之是混乱，其中主要的东西是机械论和经验论。他只承认看得到的东西，因此他的思想是反理论反原则的。他老是将自己描绘成实际家，恰恰证实他是真正的经验论。那次我们接到捉了蒋介石的消息以后，他举出几十条理由要求杀蒋介石。张国焘要改正自己的错误，首先要放弃自己的经验论。他只看到局部而看不到全体，只知道有今天而不知有明天。由于进行科学的分析，所以我们能预见运动的法则，在军事上即是有战略的头脑，这正是张国焘所缺乏的。张国焘的机械论，只看见形式，不看见内容。他把日本和蒋介石看作有无穷力量的魔鬼，害着恐日病和恐蒋病，说什么十倍于现在的力量也不能战胜日本，在革命战争中只想起后梯队的作用。他看不见日本和蒋介石都存在着种种矛盾。他不承认事物内部的矛盾，不知道红军中、共产党内都有矛盾，只有加强党内斗争、思想教育和党内民主来解决这些矛盾。

最后一天的会议由张闻天作总结性发言。他历数了张国焘路线的错误及张国焘本人在历史上的机会主义表现，基本上是重复了毛泽东的讲话和综合了各位同志的发言。他强调了对张国焘路线作斗争应注意的几个问题：一是无情揭发张国焘路线，来教育全党同志。否则党内不能统一。二是要把反对张国焘路线的斗争同四方面军的干部分开。这些同志以为国焘就是党，受了国焘的欺骗。我们要帮助他们来反对国焘路线，帮助他们进步。三是对犯错误的同志不应采取报复主义，主要用说服教育的方法使之转变。四是对犯错误的人（指张国焘），不要轻易相信，要看实际的表现。五是要消灭张国焘主义，应加强党内教育，扩大民主，发展自我批评，从原则上解决问题。

对大家要求开除张国焘党籍、撤销其党内职务问题，张闻天指出，不做组织结论，给张国焘一个改过的机会。他的话得到大家的赞成。批判张国焘路线的中央政治局扩大会议结束时，通过了《中共中央政治局关于张国焘同志错误的决定》，对张国焘路线的错误进行了系统的总结和批判。主要内容是：

第一，张国焘在四方面军的领导工作中，犯了许多重大的政治的原则的错误。“从退出川陕苏区到成立第二中央为止，是右倾机会主义的退却路线与军阀主义的登峰造极的时期。这是反党反中央的路线。”

第二，“他用全力在红军中创造个人的系统。他把军权看作高于党权。他的军队是中央所不能调动的。他甚至走到以军队来威逼中央，依靠军队的力量，要求改组中央。最后，他不顾一切中央的命令，自动南下，实行分裂红军，成立第二中央，造成中国党与中国苏维埃运动中空前的分裂行为。”

第三，南下行动“不但在反党反中央、分裂红军上看来，是根本错的，而且南下行动本身也是完全失败的”。“由于南下的行动，使红军远离抗日前进阵地，削弱了红军在全国的影响与推动抗日民族统一战线迅速建立的力量，也使中国革命受到损失。”

第四，张国焘虽然取消了第二中央，率领红四方面军北上。但他“始终对于北上与中央会合是迟疑的，对于中央的路线的正确性是不了解的。西路军向甘北前进与西路军严重失败的主要原因，是由于没有克服张国焘路线”。

第五，“张国焘路线是农民的狭隘性、流氓无产阶级的破坏性及中国封建军阀的意识形态在无产阶级政党内的反映。”“这教训又一次指出，没有无产阶级先锋队马克思列宁主义的领导，不论是民族革命或土地革命，必然不能得到彻底胜利的。”

第六，中央“对于四方面军的干部在中央直接领导之下所获得的极大进步与对张国焘路线的正确认识，表示极大欣慰。过去红四方面军所犯的错误，应该由张国焘同志负最主要的责任。一切把反对张国焘主义的斗争故意解释为反对四方面军全体干部的斗争，把四方面军的干部同中央对立的企图与阴谋，应该受到严重的打击”。

三、会议的影响

4 月 6 日，张国焘写了《我的错误》的声明书，表示：“经过中央政治局扩大会议许多同志对于我的错误的彻底揭发，使我对自己的错误有更深的了解。的确，我的错误是整个路线的错误，是右倾机会主义的退却路线和军阀主义最坏的表现，是反党反中央的错误，这错误路线不仅在各方面表现它的恶果，使中国革命受到损失，而且造成极大罪恶，客观上帮助了反革命。”[①] 延安会议决定，暂时把党的组织结论问题保留起来，给张国焘和极少数张国焘路线的坚决执行者悔过自新的机会，以观后效。

延安会议后，在党内和红军中开展了广泛深入的揭批张国焘路线的斗争。4 月间，在延安召开了反张国焘路线大会，中央红军团以上干部，四方面军连以上干部都参加了。会上发言的同志，以充分的事实揭露了张国焘的严重罪行，激起广大干部的愤怒，纷纷要求党中央把张国焘撤职，开除党籍，有的还要求枪毙他。毛泽东在会上讲话，阐明了我们党的“惩前毖后，治病救人”的方针。他指出：对于党内犯错误的同志，不应该惩办了事，斗争是为了团结，经过斗争，要达到团结的目的。一个同志落到井里，我们不能向下抛砖头，应该把他救上来。4 月 7 日，四方面军召开党员代表大会，深刻揭露和批判张国焘路线。在镇原、平凉地区活动的四军和三十一军，在援西军总部党委的领导下参加运动，任弼时召开党的活动分子会议，传达和解释中共中央《关于张国焘错误的决定》，全面展开反张国焘路线的斗争。西路军余部也先后展开这一斗争。

当时，在延安有些红四方面军的同志，对反对张国焘路线的斗争认识不够，思想还没有搞通。毛泽东亲自到驻地来看望他们，耐心地做工作。他指出，张国焘是党中央派到四方面军去的，他的错误，应当由他自己和党中央负责，与你们这些同志没有关系。毛泽东的话，解开了大家思想上的疙瘩，保护了红四方面军的干部，维护了党内团结。

延安会议是全国抗战爆发前夜中国共产党召开的一次重要会议。会议为第二次国共合作和全民族对日抗战做了重要准备。同时，会议清算了张国焘的错误，增强了党内团结。

延安会议对于彻底清算张国焘的错误，肃清张国焘路线在党

①《党的工作》第 31 期（1937 年 4 月 12 日），转引自于吉楠编著：《张国焘其人》，四川人民出版社 1980 年版，第 128 页。

内和军内的影响，教育全党全军，特别是红四方面军的广大指战员，起了决定性的作用。毛泽东后来指出，延安会议“反对了张国焘的右倾机会主义，使得全部红军会合一起，全党更加团结起来，进行了英勇的抗日斗争”①。

中国共产党全国代表会议与中国共产党白区工作会议

（1937 年 5 月 2 日至 14 日、1937 年 5 月 17 日至 6 月 10 日）

一、会议召开的背景

西安事变后，在中国革命进程和国共两党关系即将发生重大变化的转折关头，为了使全党明确认识当前的形势、任务以及党的政策、策略，做好迎接重大转变的思想准备，中共中央于 1937 年 5 月至 6 月，先后在延安召开了两个重要会议，即中国共产党全国代表会议（当时称苏区代表会议）和中国共产党白区工作会议。

二、全国苏区代表会议的进程和主要内容

1937 年 5 月 2 日至 14 日，中共中央在延安召开了党的全国代表大会，出席会议的有来自根据地、国民党统治区和红军中的党组织的正式代表 218 人，列席 64 人。会上，张闻天致开幕词，毛泽东作《中国共产党在抗日时期的任务》的报告和《为争取千百万群众进入抗日民族统一战线而斗争》的结论，博古作《组织问题》的报告，刘少奇、朱德等做专题发言。

毛泽东首先在会上分析了自九一八事变特别是 1935 年华北

①《毛泽东选集》第 2 卷，人民出版社 1991 年版，第 519 页。

1937 年 5 月，毛泽东在中国共产党全国代表会议上作《中国共产党在抗日时期的任务》报告

事变以来国际关系和国内阶级关系的新变化，指出“由于中日矛盾成为主要的矛盾、国内矛盾降到次要和服从的地位而产生的国际关系和国内阶级关系的变化，形成了目前形势的新的发展阶段。”[①] 面对新形势，毛泽东估计到：国民党的政策将由内战、独裁和对日不抵抗开始向和平、民主和抗日转变的总形势，从而提出了巩固和平、争取民主和早日实现对日抗战的三位一体的任务。

毛泽东在会上还总结了第一次国共合作的经验教训，阐明了

①《毛泽东选集》第 1 卷，人民出版社 1991 年版，第 252 页。

在抗日民族统一战线中坚持无产阶级领导权的极端重要性。他指出：必须坚持无产阶级及其政党的领导，这是革命成败的关键。为了实现无产阶级的领导，我们党必须正确地提出基本的政治口号和动员口号；共产党人在为实现这些口号所规定的具体目标时，应起到先锋模范作用；必须正确建立和发展与同盟者的关系；必须发展共产党的队伍，保持思想的统一和严格的纪律等。

毛泽东在会上还强调了抗日民族统一战线中坚持无产阶级领导权的极端重要性。毛泽东告诫大家：在党内，必须继续反对关门主义、冒险主义，要争取更多的群众，建立最广泛的抗日民族统一战线。同时，也要警惕右倾错误在新的形势下复活，以免使革命事业遭到失败。

为了顺利地贯彻执行党的政治路线，毛泽东在结论中系统地论述了干部问题、党内民主问题和全党团结问题。

关于干部问题，毛泽东指出：指导伟大的革命，要有伟大的党，要有许多最好的干部。要自觉地造就成万数的干部，要有几百个最好的群众领袖。这些干部和领袖懂得马克思列宁主义，有政治远见，有工作能力，富于牺牲精神，能独立解决问题，在困难中不动摇，忠心耿耿地为民族、为阶级、为党而工作。他要求党的干部“不要自私自利，不要个人英雄主义和风头主义，不要懒惰和消极性，不要自高自大的宗派主义”，而应当“是大公无私的民族的阶级的英雄”。他指出：这就是共产党员、党的干部、党的领袖应该有的性格和作风。

关于党内民主和维护党的团结问题，毛泽东提出要“依靠实行党的民主集中制去发动全党的积极性”，强调“在新时期，集中制应该密切联系于民主制。用民主制的实行，发挥全党的积极性。用发挥全党的积极性，锻炼出大批的干部，肃清宗派观念的残余，团结全党像钢铁一样。”

这次会议通过了毛泽东的报告，批准了从遵义会议以来中央的政治路线，确定了新形势下的新任务，为迎接全国抗日战争的到来，在政治上、组织上做了重要的准备。

三、全国白区工作会议的进程和主要内容

为进一步加强白区共产党的领导，贯彻新阶段共产党的路线和策略方针，中共全国代表会议结束后，紧接着于 1937 年 5 月 17 日至 6 月 10 日，中国共产党白区工作会议在延安召开。中共中央北方局及其所属的北平、天津、河北、山西、河南、山东、绥远等地党组织的负责人共 20 多人出席了会议。张闻天主持会议。刘少奇在会上作《关于白区的党和群众工作》的报告，张闻天在会上做作《白区党目前的中心任务》的报告。

这次会议总结了 1927 年中共八七会议以来党在国民党统治区工作中的经验教训，以及 1935 年瓦窑堡会议以来华北地区中共党的白区工作的经验，比较系统地揭露和批评了关门主义和冒险主义的错误，着力引导全党冲破“左”倾思想的禁锢，思考和分析过去白区工作遭受挫折的教训，彻底否定“左”倾错误的工作指导方针。会议着重阐明了在西安事变和平解决以后的新形势下，中国共产党在整个白区工作中的基本方针、策略和任务，以及为实现这些方针、策略和任务必须做的党的组织工作和群众工作，为党的白区工作的彻底转变发挥积极的推动作用。

刘少奇在会议的报告中阐明了白区工作实行彻底转变的必要性。他指出，这种转变有两重性质，一方面，是“因为环境的变动，新的任务与口号的提出，使得我们党与群众工作的工作方式、组织方式和斗争方式，也必须随之而全部地实行转变。”这一方面的内容在瓦窑堡会议上曾经提及过，代表们普遍认同。但刘少奇还提出，“另一方面，在我们党内，在各种群众工作中还存在着严重的关门主义、高慢的宗派主义与冒险主义的历史传统。这种恶劣的传统，从‘八七’会议以后的盲动主义就开始了，直至六届四中全会以后很长的时期内，还没有肃清。因此，它深入在许多同志的思想中及党与群众的日常工作方式中，以至成为恶劣的传统习惯。这种传统至今还没有在全党同志中彻底揭发，并

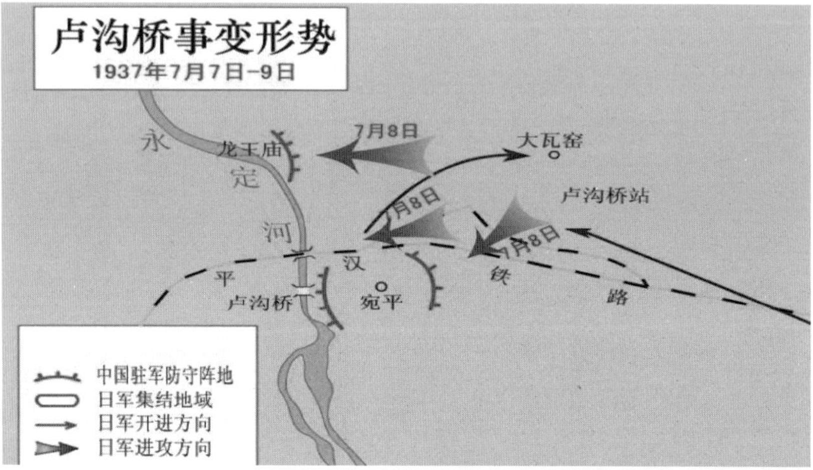

卢沟桥事变形势图

给以应有的致命的打击与肃清，这在目前就特别妨碍民族统一战线的建立与争取群众的多数。为了肃清这一传统于每一具体工作中，就需要新的工作方式、组织方式、斗争方式的创造，需要党的组织工作的全般转变。”①

虽然刘少奇的批评是基本符合事实的，但由于中央还没有对过去工作中的严重“左”倾错误作出明确、系统的结论；同时报告中并未指出“左”倾错误与一般党员、干部不怕牺牲的革命实践之间的联系与区别，因而在讨论刘少奇报告的“另一方面”时，

①《刘少奇选集》上卷，人民出版社 1981 年版，第 56 页。

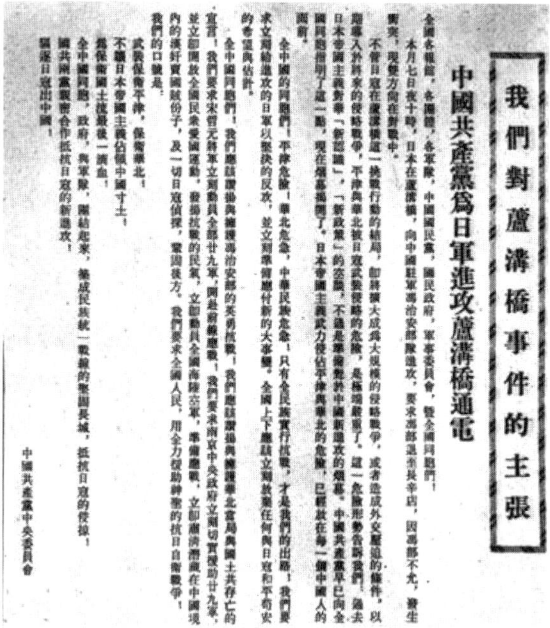

我們對盧溝橋事件的主張

中國共產黨為日軍進攻盧溝橋通電

全國各報館，各團體，各軍隊，中國國民黨，國民政府，軍事委員會，暨全國同胞們！

本月七日夜十時，日本在盧溝橋，向中國駐軍馮治安部隊進攻，要求馮部退至長辛店，因馮部不允，發生衝突，現雙方尚在對戰中。

不管日寇在盧溝橋這一挑戰行動的結局，即將擴大成為大規模的侵略戰爭，或者造成外交壓迫的條件，以期導入於將來的侵略戰爭，平津與華北被日寇武裝侵略的危險，是極端嚴重了。這一危險形勢告訴我們：過去日本帝國主義對華「新認識」，「新政策」的空談，不過是準備對於中國新進攻的煙幕。中國共產黨早已向全國同胞指明了這一點，現在煙幕揭開了。日本帝國主義武力侵佔平津與華北的危險，已經放在每一個中國人的面前。

全中國的同胞們！平津危險！華北危急！中華民族危急！只有全民族實行抗戰，才是我們的出路！我們要求立刻給進攻的日軍以堅決的反攻，並立刻準備應付新的大事變。全國上下應該立刻放棄任何與日寇和平苟安的希望與估計。

全中國同胞們！我們應該讚揚與擁護馮治安部的英勇抗戰！我們應該讚揚與擁護華北當局與國土共存亡的宣言！我們要求宋哲元將軍立刻動員全部廿九軍，開赴前線應戰！我們要求南京中央政府立刻切實援助廿九軍，並立即開放全國民眾愛國運動，發揚抗戰的民氣，立即動員全國海陸空軍，準備應戰，立即肅清潛藏在中國境內的漢奸賣國賊份子，及一切日寇偵探，鞏固後方。我們要求全國人民，用全力援助神聖的抗日自衛戰爭！

我們的口號是：

武裝保衛平津，保衛華北！

不讓日本帝國主義佔領中國寸土！

為保衛國土流最後一滴血！

全中國同胞，政府，與軍隊，團結起來，築成民族統一戰線的堅固長城，抵抗日寇的侵掠！

國共兩黨親密合作抵抗日寇的新進攻！

驅逐日寇出中國！

中國共產黨中央委員會

《中国共产党为日军进攻卢沟桥通电》

会上发生了激烈的争论。这些分歧主要表现在对白区工作的评价、工作转变和策略方针等问题上。不少代表误以为这个报告“抹杀一切”，一概否定了过去的方法、路线和成绩，甚至有代表当场号啕大哭，声泪俱下地反问：“以前死的同志都白死了？”现场对立情绪非常严重，争论相持不下，到 26 日，会议不得不暂时休会。

为了统一思想，6 月 1 日至 4 日，中共中央决定召开政治局会议，专门讨论土地革命战争时期党的白区工作。2 日，刘少奇重申了他对白区工作的看法，认为“左”倾关门主义的传统是顽固的，有历史的，是基本问题的错误。刘少奇的发言受到与会多位同志的批评。6月3日，毛泽东在会上做了长篇发言，肯定了刘少奇的报告。毛泽东指出，党内存在着某种错误的传统，这就是群众工作、宣传教育与党内关系问题上的“左”的关门主义、宗派主义、冒险主义、公式主义、命令主义、惩办主义的方式方法与不良习惯的存在。他同时指出，刘少奇对白区工作有丰富的经验，他在实际工作领导群众斗争和处理党的关系方面，都是基本上正确的，他懂得实际工作的辩证法。

按照中共中央政治局会议的精神，从6月6日至10日，白区工作会议进入第二阶段。张闻天在白区工作会议上作《白区党目前的中心任务》的报告，从总的方面肯定了刘少奇的报告，指出刘少奇在北方工作是有成绩的。他在报告中批判了关门主义，并要求党在白区的实际工作中贯彻执行抗日民族统一战线的政策。6月9日至10日，刘少奇在白区工作会议上作结论发言，表示同意张闻天的报告，同时承认在5月17日的报告中对某些问题缺乏具体分析，有些话说得过火了、机械了。但他坚持自己对于两重性转变的认识。刘少奇还着重阐述了统一战线与阶级斗争的问题，强调在党内，主要反对关门主义，同时又要同尾巴主义作斗争，要利用公开工作和一切合法手段，积极组织广大群众。

6月10日，即白区工作会议结束的当天，张闻天主持召开中央政治局常委会议，讨论北方局的工作问题。毛泽东在会上发言，赞同刘少奇提出的当前党在华北工作的口号“保卫华北”“保卫平津”，用来进行政治动员，宣传鼓动，准备抗战。会议通过了刘少奇的工作报告，并根据张闻天的提议决定仍派刘少奇为中央驻北方局代表，同时决定北方局的工作由杨尚昆、彭真等同志负责。

党的白区工作会议阐明了新形势下，党在整个白区工作中的基本方针、策略和任务以及为实现这些方针、策略和任务必须做的党的组织工作和群众工作，为党的白区工作的彻底转变发挥了积极的推动作用。

洛川会议

（1937 年 8 月 22 日至 25 日）

正确的抗战路线和战略方针，是抗战取得最后胜利的根本保证。1937 年 8 月 22 日至 25 日，中共中央在陕北洛川冯家村召开政治局扩大会议，史称洛川会议。面对抗日战争爆发后错综复杂的形势，洛川会议阐明了党在抗日战争时期的纲领和主张，制定了全民族抗战路线，确定了进行持久战的战略总方针。洛川会议通过的十大纲领和决定，标志着党的全面抗战路线的正式形成。

洛川会议旧址

一、洛川会议召开背景

1937年7月7日，卢沟桥事变爆发，日本侵略者发动全面侵华战争。中华民族处在生死存亡的关键时刻。次日，中共中央率先通电全国，即《中国共产党为日军进攻卢沟桥通电》，呼吁“国共两党紧密合作，抵抗日寇的新进攻！”7月15日，中共代表将《中共中央为公布国共合作宣言》递交蒋介石，并提出以《中共中央为公布国共合作宣言》作为国共合作的政治基础，由国民党中央通讯社发表。蒋介石虽然发表庐山谈话，但仍企图通过外交途径将卢沟桥事变作为“地方事件”处理，更不愿意承认中国共产党的平等地位，并妄图通过改编红军限制和取消中国共产党及其领导的军队和政权。

针对当时存在的妥协退让的倾向，7月23日，毛泽东发表《反对日本进攻的方针、办法和前途》一文，旗帜鲜明地指出对付日本的进攻有两种方针和两套办法，也有两个前途。毛泽东代表中国共产党人表示：“愿同国民党人和全国同胞一道为保卫国土流最后一滴血，反对一切游移、动摇、妥协、退让，实行坚决的抗战。”①

全国抗战时期，国民党是全国第一大党，处于执政地位，拥有强大的武装力量和国际承认的外交地位。没有国民党的参加，就难以形成抗日民族统一战线。全国人民都对国民党寄予厚望。国民政府在空前严重的民族危机面前，鉴于自身的统治已面临生死存亡的危急关头，也在进行抵抗侵略的准备，并采取了一些措施。但国共合作的谈判并不顺利，蒋介石一方面既需要国共合作来抵抗日本侵略，另一方面又幻想在抗战中限制、溶化乃至消灭共产党。因此，国民党在诸多问题上横生枝节，谈判迟迟不能取得突破性的进展。平津失守后，华北局势日趋严重，蒋介石仍迟

①《毛泽东选集》第2卷，人民出版社1991年版，第346页。

迟不下达红军改编的命令，但却几番催促红军迅速行动。当时担任军委参谋长的肖劲光回忆道：“国家的危亡迫在眉睫，而我党与国民党关于建立统一战线，红军改编为国民革命军的具体问题的谈判却迟迟没有结果。我们在延安的同志如坐针毡，焦虑万分。”①

红军出兵在即，一个新的问题提到中国共产党的面前：红军在抗日前线应该怎样作战？毛泽东认为有必要对平津失守后的形势和党的任务进行一次全盘的讨论，统一思想，会址设在洛川城郊冯家村的一所小学里，中共中央就在这样一个条件简陋的小村庄，召开了具有重大历史意义的洛川会议。

二、洛川会议主要议程

为了正确贯彻执行党的统一战线政策，制定党在抗日战争时期的行动方针和具体政策，1937 年 8 月 22 日至 25 日，中共中央政治局扩大会议在洛川冯家村召开，参加会议的政治局委员、中央委员和各方面负责人共 22 人②。会议的议程主要是：政治任务问题、军事问题和国共两党关系问题。

毛泽东首先代表中共中央政治局在会上做军事问题和国共关系问题报告。

关于军事问题，毛泽东分析了抗日战争敌强我弱的形势和当时敌人用兵的战略方向，指出抗日战争是一场艰苦的持久战，最基本的方针是持久战而不是速决战，持久战的结果是中国胜利。红军在国内革命战争中已经发展为能够进行运动战的正规军，但是在新的形势下，红军在兵力使用和作战原则方面必须有所改变。因此，红军的基本任务是：“（一）创造根据地；（二）钳制与消灭敌人；（三）配合友军作战（战略支援任务）；（四）保存

①《萧劲光回忆录》，解放军出版社 1987 年版，第 200 页；转引自金冲及主编，《毛泽东传：1893—1949》，中央文献出版社 2004 年版，第 469 页。

②这 22 人是：张闻天、毛泽东、周恩来、博古、朱德、任弼时、关向英、凯丰、张国焘、彭德怀、刘伯承、贺龙、张浩、林彪、聂荣臻、罗荣桓、张文彬、肖劲光、林伯渠、徐向前、周建屏、傅钟。

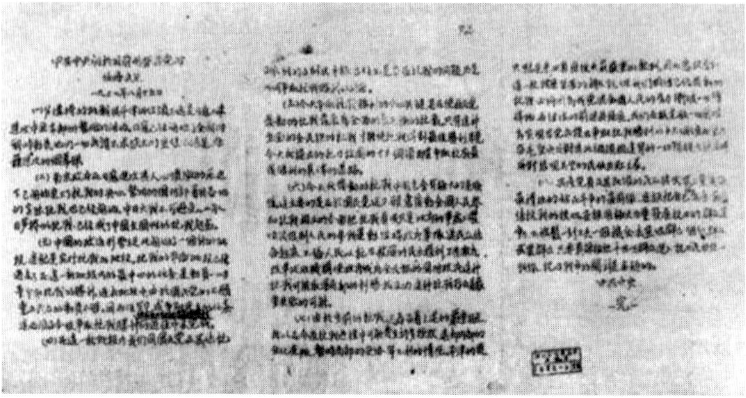

会议记录《中共中央关于目前形势与党的任务的决定》

与扩大红军；（五）争取民族革命战争领导权。”红军的战略方针是：“独立自主的山地游击战（包括有利条件下消灭敌人兵团与在平原发展游击战争，但着重于山地）。”独立自主是相对的，是在统一战略目标下的独立自主的指挥。着重于山地，是考虑到要建立支持长期作战的战略支点，山地更便于创造根据地，以此为战略依托，随后向平原发展，而且红军更熟悉山地的作战条件，有利于开展游击战。游击战的作战原则是：游与击相结合，“分散以发动群众，集中以消灭敌人，打得赢就打，打不赢就走。”①

毛泽东在洛川会议上明确提出红军在抗日战争阶段的战略方针以游击战为主，这是一个重大的战略转变。从抗日战争的具体情况出发，这种转变是必要的。中国共产党领导的八路军数量太少，武器装备更差，即便全部集中起来打运动战，也不能对日本侵略军构成大的威胁，还有被敌人包围歼灭的危险。但是这支队伍政治素质好，善于发动群众。只要八路军同沦陷区的广大人

① 毛泽东在洛川会议上的发言记录，1937年8月24日；转引自金冲及主编，《毛泽东传：1893—1949》，中央文献出版社2004年版，第479页。

民密切结合，开展游击战争，创建敌后抗日根据地，就能充分发挥人民群众的伟大力量，并逐渐发展成为最后战胜日本帝国主义的决定性力量。“我们的战略转变，是在这些特殊的情况之下进行的一个极其严重的转变。在这些特殊的情况下，必须把过去的正规军和运动战，转变成为游击军（说的是分散使用，不是说的组织性和纪律性）和游击战，才能同敌情和任务相符合。”[①]八路军实行从运动战向游击战的战略转变，是充分发挥自己优势的必然选择，也是贯彻执行党的全面抗战路线的基本途径。这种转变从表面上看好像是个倒退，实际上是很大的进步，因为“这一转变关系于整个抗日战争的坚持、发展和胜利，关系于中国共产党的前途非常之大”。[②]

关于国共关系问题，毛泽东在报告中明确指出，第一，必须坚持、巩固和扩大统一战线。他指出现在统一战线正在成熟中，准备继续有原则地让步，即保持党和红军的独立性，要有自由，不采取决裂的方针，同时还要做地方军阀的统一战线工作。第二，共产党在统一战线中必须坚持独立自主的原则，即坚持党的阶级的独立自主的立场，对国民党要保持高度的阶级警惕性，他特别提醒“党的阶级的独立性问题应提起全体党员注意！——防人之心不可无，在阶级上（两党）根本是敌人！”[③]毛泽东列举了1937年7月初闽粤边特委代理书记何鸣带领红三团在福建漳浦县接受整编时，被国民党军一五七师缴械的“漳浦事件”，指明须臾不能忘记的是在统一战线中保持党的阶级的独立性与警觉性。根据大革命失败的教训，这种独立性有组织的和政治的独立两方面。第三，必须保证共产党对红军的绝对领导。毛泽东指出，国民党方针是一方面限制我们，一方面破坏我们，绝对不能接受国民党限制红军的种种处置，包括向改编后的红军派参谋长。红军的调动只能由共产党来决定，不能听蒋介石的，红军何时开赴

①《毛泽东选集》第2卷，人民出版社1991年版，第551页。

②《毛泽东选集》第2卷，人民出版社1991年版，第551页。

③《毛泽东关于军事外交工作的报告》（1937年8月22日）// 杨奎松，《抗战初期中共军事发展方针变动的史实考析》，载《近代史研究》，2015（6）。

前线，到什么地方，只能根据情况，选择适当时机，迟了或者早了都不好。出兵要分批进行，并要留一部分保卫中共中央和陕甘宁边区。我们在敌后必须有回旋余地，才能存在和发展。

独立自主的原则，是中国共产党在不断总结统一战线经验教训的基础上逐步形成的。在国共合作中，如果共产党放松甚至放弃独立自主原则，听任国民党支配，那就会被极大削弱乃至被消灭。既要实行国共合作，又要坚持党的独立自主，这是关乎中国共产党和中国革命前途命运的大事，是中国共产党当时面对的最重要也最不容易处理的问题。

毛泽东报告后，与会者就国共关系、党对红军的领导、坚持独立自主的指挥原则、战略方针和出兵等问题进行讨论，发表意见。他们完全同意毛泽东报告中对时局的分析和提出的统一战线中坚持独立自主的原则，认为全国抗战开始以后，坚持统一战线中独立自主的原则是争取抗战胜利的关键。在讨论红军出兵的时机和数量、陕甘宁边区留兵防卫和红军出兵后的作战方式（即游击战和运动战的主次关系问题）等具体问题上，与会者有些不同的认识，由于时间紧张、形势紧迫，这些问题未能形成统一认识。党内军内部分同志当时在思想上还没有完成从国内战争时期运动战到抗日战争时期游击战的转变，出现分歧是正常的情况。

出席洛川会议的肖劲光回忆道："洛川会议上在讨论军事指导方针中尽管意见不同，但出发点都是一个，就是如何在出征以后更有利地打击敌人，更有利于我军的发展壮大。当然，它也说明同志们在当时对中国革命战争的规律性、对抗日游击战争的战略地位问题在认识上有差异。在以后抗日战争的实践中，逐步证明了毛泽东同志的意见是正确的，是高瞻远瞩的。"[①] 鉴于华北危急，虽然国民党此时仍未正式承认陕甘宁边区的合法地位，会议仍然决定立即出动红军主力到山西前线。为了加强中国共产党对军事的统一领导，经过讨论，会议决定中央革命军事委员会成

①《萧劲光回忆录》，解放军出版社 1987 年版，第 204 页；转引自金冲及主编，《毛泽东传：1893—1949》，中央文献出版社 2004 年版，第 481 页。

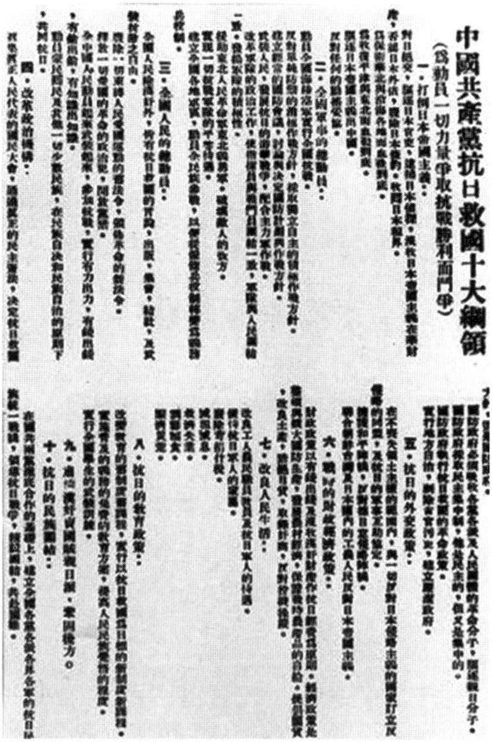

中國共產黨抗日救國十大綱領

（爲動員一切力量爭取抗戰勝利而鬥爭）

一、打倒日本帝國主義。

二、全國軍事的總動員。

三、全國人民的總動員。

四、改革政治機構。

五、抗日的外交政策。

六、戰時的財政經濟政策。

七、改良人民生活。

八、抗日的教育政策。

九、肅清漢奸賣國賊親日派，鞏固後方。

十、抗日的民族團結。

《抗日救国十大纲领》

员增至十一人，毛泽东任书记，朱德、周恩来任副书记。

会议通过了《中共中央关于目前形势与党的任务的决定》《中国共产党抗日救国十大纲领》和《为动员一切力量争取抗战胜利而斗争》。

《中共中央关于目前形势与党的任务的决定》（以下简称《决定》）由张闻天起草，主要内容有四方面：第一，分析了抗战爆发后的新形势。“七月七日芦［卢］沟桥的抗战，已经成了中国全国性抗战的起点。”“中国的政治形势从此开始了一个新阶段，这就是实行抗战的阶段。抗战的准备阶段已经过去了。”第二，分析了国民党片面抗战路线的实质和危害，预见了国民党妥协投降的危险。国民党虽然确定决心抗战，但是“由于国民党还不愿意发动人民参加抗战。相反的，企图把抗战看成只是政府的事，处处惧怕和限制人民的参战运动，阻碍政府军队与民众结合起来，不给人民以抗日救国的民主权利，不去彻底改革政治机构，使政府成为全民族的国防政府”，所以国民政府的抗战是片面抗战，存在着严重的弱点，包含有招致失败的极大危险性。第三，介绍了新形势下党的中心任务。《决定》指出新形势下党的最中心的任务是动员一切力量争取抗战的最后胜利，“今天争取抗战胜利的中心关键，是在使已发动的抗战发展为全面的全民族的抗战。只有这种全面的全民族的抗战，才能使抗战得到最后胜利。”《决定》还明确指出，共产党员应充分发挥领导表率作用，“共产党员及其所领导的民众与武装力量，应该最积极地站在斗争的最前线，应该使自己成为全国抗战的核心，应该用最大力量发展抗日的群众运动。”第四，指明了抗战前景。《决定》指出，“应该看到这一抗战是艰苦的持久战。但我们相信，已经发动的抗战，必将因为我党和全国人民的努力，冲破一切障碍物而继续地前进和发展。”《决定》号召共产党员“不放松一刻工夫一个机会去宣传群众、组织群众、武装群众，只要真能组织千百万群众进入抗日民族统一战线，抗日战争的胜利是无疑义的。”①

会议通过的《中国共产党抗日救国十大纲领》，主要内容为：（1）打倒日本帝国主义，驱逐日本帝国主义出中国，反对任何的动摇和妥协；（2）全国军事的总动员，设立国防会议，动员全民族抗战；（3）全国人民的总动员，人民有抗日救国的言论、出版、集会和武装抗敌的自由，开放党禁，实现民族自决和自治，

① 中央档案馆编：《中共中央文件选集》第 11 册，中共中央党校出版社 1991 年版，第 324—326 页。

实现共同抗日；（4）改革政治机构，召集真正人民代表的国民大会，通过真正的民主宪法，决定抗日救国方针，选举国防政府；（5）抗日的外交政策；（6）战时的财政经济政策，以有钱出钱和没收汉奸财产做抗日军费为原则；（7）改良人民生活；（8）抗日的教育政策；（9）肃清汉奸卖国贼亲日派，巩固后方；（10）抗日的民族团结。[1]这一纲领把实行抗日同争取民主、改善民生密切结合起来，体现了广大人民群众的利益和要求，全面概括了中国共产党在抗日战争时期的基本政治主张，提出了争取抗战胜利的具体政策，是实现全面抗战路线的纲领，是保障中国抗日战争最后胜利唯一正确的方针。

会议还通过了毛泽东为中央宣传部门起草的宣传鼓动纲领《为动员一切力量争取抗战胜利而斗争》。纲领分析了抗战的积极因素和消极因素，驳斥了两种有害于抗战的谬论，即“妥协投降的汉奸理论”和“以为无法战胜日寇的民族失败主义”，对《中共中央关于目前形势与党的任务的决定》和《中国共产党抗日救国十大纲领》进行了总结归纳，再次强调要确立“全面的民族抗战方针”，确信“最后的胜利是属于中华民族的”。[2]

为了实现中国共产党对抗日战争的领导责任，贯彻全面抗战的政治路线和抗日持久战的军事战略方针，会议特别强调要坚持党的独立自主原则，讨论并决定了党在全国抗战到来的新形势中的基本行动路线和工作方针：（1）决定以《中国共产党抗日救国十大纲领》作为党领导抗战的纲领。（2）在敌后放手发动群众，开展独立自主的游击战争，使游击战争担负配合正面战场、开辟敌后战场、建立敌后抗日根据地的任务。（3）在国统区，广泛发动群众性抗日救亡运动，争取全国人民应有的政治经济权利。（4）在有利于动员全国人民参加抗战的前提下，以减租减息作为抗战时期解决农民土地问题的基本政策。

① 中央档案馆编：《中共中央文件选集》第11册，中共中央党校出版社1991年版，第327—330页。
② 中共中央文献研究室，中央档案馆编：《建党以来重要文献选编（1921—1949）》第14册，中央文献出版社2011年版，第478—483页。

三、洛川会议的影响

洛川会议是中国共产党在全国抗战刚刚爆发的历史转折关头召开的一次重要会议。这次会议正确分析了全国抗战爆发后的复杂形势，确定了中国共产党和八路军在新形势下的战略任务，制定了指导全国抗战的全民族抗战的政治路线和持久抗日的战略总方针，坚持了统一战线中的独立自主原则，作出了开展敌后抗日游击战争的战略决策，为全党和全国人民指明了抗战的正确方向。洛川会议通过的《中国共产党抗日救国十大纲领》阐明了党在抗日战争时期基本政治主张，指明了长期抗战、争取最后胜利的具体道路，这是与国民党的片面抗战路线不同的正确的抗战路线。

1937 年 11 月太原失陷后，八路军执行向敌后发展、开辟敌后战场、建立敌后抗日民主根据地的任务。在人民群众的支持下，共产党领导的军队很快打开局面，在敌后开辟出广阔的战场。实践证明，洛川会议制定的政治路线和军事战略方针是完全正确的。

中共中央政治局十二月会议

（1937 年 12 月 9 日至 14 日）

中国共产党历史上有两次十二月会议，第一次十二月会议是指 1937 年 12 月 9 日至 14 日在延安召开的中共中央政治局会议。在会上，由从莫斯科回国的王明传达了共产国际关于中国抗战的有关指示，他就抗战、国共关系等问题系统地发表了自己的意见和主张，其中包括事后看来具有很明显的迁就国民党的思想和观点，与洛川会议的精神不一致，成为党怎样坚持和维护抗日民族统一战线所面临的一个考验。

一、王明回国与十二月会议的召开

1937年11月29日，初冬的延安虽然大雪纷飞、寒意袭人，但延安机场却气氛热烈，毛泽东、张闻天、朱德等中共中央领导人在这里迎接受共产国际派遣从苏联回国的中共驻共产国际代表王明、康生和同机到达的中共驻新疆代表陈云。毛泽东以《饮水思源》为题致欢迎词，他真诚地表示："欢迎从昆仑山上下来的'神仙'，欢迎我们敬爱的国际朋友，欢迎从苏联回来的同志们，你们到延安是一件大喜事，这就叫作'喜从天降'。"[①]据张国焘的回忆，当时"彼此握手拥抱""一堂欢叙，所谈都是高兴的事。"[②]

王明回国后即提议召开中共中央政治局会议。这个提议的背景是，中国全面抗战爆发后，面对中国抗战形势和中共面临的任务，共产国际执委会书记处于1937年8月10日在莫斯科召开专门会议，总书记季米特洛夫在会上说，中国共产党面临政策和策略上的"一百八十度的大转弯"，而共产党的处境十分特殊，中国红军是一支农民军队，党内工人的比例很小。他担心中国共产党能否适应新的环境和新的任务，认为"必须派一些新生力量、一些熟悉国际形势的人去帮助中国共产党中央委员会"[③]。在共产国际和斯大林看来，中国共产党和中国工人阶级的力量比较弱小，中国抗战要依靠蒋介石为首的国民党。中国共产党应竭力促成在国民党政府基础上的全国的团结统一，在抗日民族统一战线中不要提谁领导谁的问题，而应运用法国共产党关于"一切服从统一战线"和"一切经过统一战线"的经验，做到共同负责，共同领导。王明的回国正是为了贯彻共产国际的上述"新政策"。

① 中国社会科学院近代史研究所翻译室编译：《共产国际有关中国的文献资料》第3辑，中国社会科学出版社1990年版，第19页。

② 张国焘：《我的回忆》（第3册），东方出版社1998年版，第417页。

③ 中国社会科学院近代史研究所翻译室译：《共产国际有关中国革命的文献资料》第3辑，中国社会科学出版社1990年版，第19页。

二、会议上的分歧：王明关于统一战线的论述与中共洛川会议精神相背离

王明回国时，多数中央政治局委员已经齐集延安，具备了召开中央政治局会议的条件。会议于12月9日召开，12月14日结束，出席会议的中共中央政治局成员有张闻天、毛泽东、王明、康生（赵容）、陈云、周恩来、博古、彭德怀、凯丰、刘少奇、项英、张国焘，林伯渠列席了会议。

会议首先由张闻天作《目前政治形势和党的任务》的政治报告。他说："这个会议是转变关头的会议"，中国共产党一方面要"抓住抗日为中心，巩固抗日民族统一战线的基础"，但必须保持我们党在统一战线中的独立自主性，"不要在民族革命浪潮中淹没在浪潮中，而是要在民族革命浪潮中保持独立性，使我们在大海中不会淹死。"①

接着由王明作题为《如何继续全国抗战与争取抗战胜利呢？》的报告，这个报告作为书面报告印发给与会者，他在会上采用的是口头报告。据会议参加者回忆，王明滔滔不绝一直讲到第二天下午，主基调是批评洛川会议以来中央采取的正确方针和政策。王明的发言主要讲了以下几个问题：

首先，目前决定抗日战争胜负的根本因素，一是中国人民的团结与统一；二是日本帝国主义内部的矛盾；三是国际对中国抗战的援助。以上三个条件对中国是有利的，是基于国共合作得来的。

在国共关系问题上，王明认为，目前的中心问题是如何争取抗日战争的胜利，如何巩固统一战线的问题。中国正处于生死存亡的关键时候，蒋介石是中国人民有组织的力量，如果不联合蒋介石，客观上等于帮助日本。在统一战线中，国共摩擦是不可避

① 张闻天在十二月会议上的报告记录，1937年12月9日。转引自金冲及：《从十二月会议到六届六中全会——抗战初期中共党内的一场风波》，《党的文献》2014年第4期。

免的，我们不要害怕也不要企图完全消灭摩擦。

对于统一战线中两党谁是主要力量的问题，王明说，“在全国政权与军事力量上要承认国民党是领导的优势的力量。我们不能提出要国民党提高共产党的地位，共产党也不能投降国民党，两党谁也不能投降谁。现在不能空喊资产阶级领导无产阶级或无产阶级领导资产阶级问题，这是将来看力量的问题，没有力量空喊无产阶级领导是不行的。空喊领导，只有吓走同盟军。”① 因此我们不能说是谁领导谁，而是国共“共同负责，共同领导”。他在讲话中提出，今天的中心问题是一切为了抗日，一切经过抗日民族统一战线，一切服从抗日，现在我们要用这样的原则去组织群众②。他“不赞成提改造国民党政府的口号；反对关于国民党内有左、中、右三种势力的提法，认为只有抗日、亲日之分”③。他认为，今天不应组织狭小的群众团体，而是利用现在合法的团体。只有采用公开的合法的办法才能扩大统一战线。

王明在报告中还讲到了民主共和国、旧军队等问题。在他看来，目前主要是要建设统一的国防政府，而不是改造政权机构。他说：“特区是新中国的雏形，它的政权实质是要成为抗日的模范”“要使人家一到特区便感觉特区是中华民国的组成部分。”④ 这是造成全国统一的国家政权，而不是加深中国的分裂。

在讲到全国军队的统一指挥的时候，王明强调，我们要拥护统一指挥。八路军也要统一受蒋指挥。我们不怕统一纪律、统一作战计划、统一经济，不过注意不要受到无谓的牺牲。红军的改编不仅名义改变，而且内容也改变了。他还说，我们要将我们的军队扩大到 30 万，但方式上不要使人害怕。八路军新四军要向着统一的方向发展，而不是分裂军队的统一。

---

① 逄先知、金冲及主编：《毛泽东传》（二），中央文献出版社 2011 年版，第 510 页。

② 周国全、郭德宏：《王明传》，人民出版社 2014 年版，第 272 页。

③ 逄先知主编：《毛泽东年谱》（1893—1949）（中），中央文献出版社 2005 年版，第 40 页。

④ 吴永：《困境与危局——延安时期中国共产党应对危机研究》，人民出版社 2014 年版，第 68 页。

前排左起为项英、凯丰、王明、陈云、刘少奇；后排左起为康生、彭德怀、张闻天、张国焘、林伯渠、博古、周恩来、毛泽东

王明的这些观点显然与洛川会议以来中共中央所制定的正确的路线和方针政策有很大的不同。全面抗战爆发后，毛泽东曾提出中国存在两条不同的抗战路线，一条是全国人民总动员的完全的民族革命战争的全面抗战路线，一条是不要人民群众参加的单纯政府抗战的片面抗战路线，并且认为，全面抗战还是片面抗战，“这是共产党的抗战主张和现时国民党的抗战主张的原则分歧”[①]。王明并不认同毛泽东关于全面抗战和片面抗战的观点，主张不要使用“片面抗战”的提法，以免刺激国民党。他说：中国要争取抗战胜利，只有动员几万万人民参加抗战才能取得胜利。但国民党害怕民众起来。过去提出国民党片面抗战，是使他们害

① 毛泽东：《上海太原失陷以后抗日战争的形势和任务》，《毛泽东选集》（第二卷），人民出版社 1991 年版，第 388 页。

怕，要提出政府抗战很好，要动员广大人民来帮助抗战，不要提得那样尖锐，使人害怕[①]。

对毛泽东、刘少奇等人的其他一些主张，王明在报告中也提出了不同意见。他说，“我们的斗争方式也要注意，如章乃器说多建议，少号召。在一定的程度上是有意义的”，等等。

12 月 10 日，王明在会上作了第二次发言，主要内容是报告中共驻共产国际代表团所做的工作及取得的成绩。

总之，王明报告的要旨在于强调，在整个抗战时期，中共要无条件承认国民党及其军队在抗战中的优势地位，取消政治上、组织上和军事上的独立性，努力建立一个以国民党为中心的抗日民族统一战线，并以此指导抗战，这意味着对党在抗战以来的方针、路线和政策的全盘否定。

在听取张闻天作的《目前的政治形势与党的任务》报告和王明的发言后，会议进行讨论，由于王明是传达共产国际的指示，那时共产国际在中国共产党内有很高的威望，王明是共产国际执委会主席团成员和政治书记处候补书记，曾参与起草并发表了影响很大的“八一宣言”，所以对与会者产生了很大的影响。会议期间正是日本侵略军包围和攻陷南京的时候，正面战场的战局正处于危急阶段，因此，许多与会者对洛川会议以来的统一战线工作做了“自我批评”。“讨论中许多同志在一时难以分辨是非的情况下，不同程度地同意和拥护了王明的主张”[②]。康生在发言中说，现在要内部团结，须提出下列口号：拥护蒋委员长继续领导全国抗日，拥护中央政府继续抗口，共产党要帮助国民党改造军队，帮助国民党购买军火，帮助蒋介石创设军事工业。关于片面抗战与全面抗战，今后最好不用，现在最好都用反日民族自卫战争，不用反日民族革命战争。[③]12 月 11 日，周恩来就抗战问题和统一战线问题发表意见，强调不应把片面抗战、全面抗战对

① 周国全、郭德宏：《王明传》，人民出版社 2014 年版，第 273 页。

② 张培森主编：《张闻天年谱》上卷（1900—1941），中共党史出版社 2000 年版，第 529 页。

③ 参见张树军、齐生主编：《中国共产党八十年重大会议实录》上册，湖南人民出版社 2001 年版，第 157 页。

1938年周恩来、王明、博古（右起）在汉口

立起来，硬要说片面抗战必然失败，以后全面抗战必然胜利，这不符合辩证法。他提出，把独立自主发展到各方面会妨害统一战线，应公开指出并纠正统一战线中的错误，使友党更加信任和佩服我们[①]。

12月11日、12日毛泽东在会上作了两次发言，重申并坚持洛川会议确定的方针和政策。他说：统一战线的总方针要适合于团结御侮。在统一战线中，“和”与“争”是对立的统一。八路军与游击队是全国军队的一部分，但是要在政治工作上、官兵团结上、纪律上、战场上起模范作用。过去我们反对国民党要派大官来是必要的，因为西安事变后国民党要派大批人来侮辱和破坏红军，应该拒绝。国民党与共产党谁吸引谁这个问题是存在的，不是说要将国民党吸引到共产党，而是要国民党接受共产党的政治影响。如果没有共产党的独立性，便会使共产党降低到国民党方面去。他说，我们所谓独立自主是对日本作战的独立自主。战

① 参见珏石：《周恩来与抗战初期的长江局》，《中共党史研究》1988年第2期。

役战术是独立自主的。抗日战争总的战略方针是持久战。红军的战略战术是独立自主的山地游击战，在有利条件下打运动战，集中优势兵力消灭敌人一部。独立自主，对敌军来说我是主动而不是被动的，对友军来说我是相对集中指挥，对自己来说是给下级以机动。总的一句话：相对集中指挥的独立自主的山地游击战。洛川会议决定的战略方针是对的。[①]毛泽东在发言中还谈到党的政治影响力问题，他说："共产党在八路军出动后，政治影响更扩大。在全国群众中组织力量虽不够，但不能看数量少，在群众中力量是大起来的。"他又说："章乃器说少号召多建议，我们是要批评的。这是只适宜国民党现时状况。我们要在政治上有号召。"[②]这些，其实都是对王明指责的回答。

12 月 12 日，张闻天作了总结性发言，他虽对王明所指责的"对国民党转变估计不足"等所谓缺点作了"检讨"[③]，"承认了王明所指责的某些所谓'错误'"，但他也肯定了自西安事变以来，党的统一战线基本上是正确的，洛川会议的方针和军事策略也是正确的，尤其是肯定了华北工作的成绩和统一战线工作的进步。王明对张闻天的这一发言当即表示不满，他批评张闻天没有指出统一战线的中心问题是"对国共合作了解不够"[④]。

12 月 13 日，会议通过《关于中共驻共产国际代表团工作报告的决议》和《关于召集第七次全国代表大会的决议》，规定了中共七大召开的时间、任务和议程，决定成立由 25 人组成的筹备委员会，毛泽东任主席，增补王明、陈云、康生为中央书记处书记。还决定由周恩来、王明、博古、叶剑英组成中共代表团，负责继续与国民党谈判，由项英、周恩来、博古、董必武组成中共中央长江局，领导南方各省党的工作。张闻天、刘少奇阐明了自己对一些问题的看法。由于毛泽东等的抵制，王明的错误意见

---

① 逄先知主编：《毛泽东年谱》（1893—1949）（中），中央文献出版社 2005 年版，第 40—41 页。

② 逄先知、金冲及主编：《毛泽东传》（二），中央文献出版社 2011 年版，第 512 页。

③ 张培森主编：《张闻天年谱》上卷（1900—1941），中共党史出版社 2010 年版，第 529 页。

④ 程中原：《张闻天传》，当代中国出版社 2000 年版，第 460 页。

照片左起：张闻天、康生、周恩来、凯丰、王明、毛泽东、任弼时、张国焘

没有形成会议决议。会后，中共中央仍按照原来的方针进行工作。

三、十二月会议是遵义会议后的“一次波折”

对于这次会议，毛泽东后来在延安整风时的政治局会议上讲了深有感触的一段话，他说：“十二月会议上有老实人受欺骗，作了自我批评，以为自己错了。”“而我是孤立的。当时，我别的都承认，只有持久战、游击战、统战原则下的独立自主等原则问题，我是坚持到底的。”[①]1945年6月10日他在中共七大关于选举候补中央委员问题的讲话中还说过，“遵义会议以后，中央的领导路线是正确的，但中间也遭过波折。抗战初期，十二月会议就是一次波折。十二月会议的情形，如果继续下去，那将怎么样呢？有人说他奉共产国际命令回国，国内搞得不好，需要有

① 逄先知、金冲及主编：《毛泽东传》（二），中央文献出版社2011年版，第513页。

一个新的方针。所谓新的方针，主要是在两个问题上，就是统一战线问题和战争问题。在统一战线问题上，是要独立自主还是不要或减弱独立自主；在战争问题上，是独立自主的山地游击战还是运动战。”①

与会的同志也清楚地看到王明的报告与洛川会议精神和毛泽东的主张的分歧，彭德怀后来回忆说：“我认真听了毛主席和王明的讲话，相同点是抗日，不同点是如何抗法。王明讲话是以国际口吻出现的，其基本精神是抗日高于一切，一切经过统一战线，一切服从统一战线……从王明这些论点看来，显然同毛泽东同志的正确论点有很大的原则上分歧。对无产阶级在抗日民族战争中如何争取领导权问题，他是忽视的……假如真的按照王明路线办事，那就保障不了共产党对八路军、新四军的绝对领导，一切事情都得听从国民党反动集团所谓合法政府的命令；就不可能有敌后抗日根据地和民主政权的存在；同时也区别不开谁是统一战线中的领导阶级，谁是无产阶级可靠的同盟军，谁是消极抗日的右派，谁是动摇于两者之间的中间派。这些原则问题，在王明路线中是混淆不清的。”“王明所说的内容，没有解决具体问题。”②

十二月会议之所以在日后激起波澜，被看作是王明右倾思想形成的标志，主要是因为王明在会上的讲话在怎样巩固与扩大抗日民族统一战线及国共合作、怎样争取抗战胜利的重大问题上的主张与中国实际和中国共产党在抗日民族统一战线中的实际相背离，如果按照王明的主张办，那么中国革命很可能会再经历重大挫折。由于当时国共的实力对比是国强共弱，蒋介石始终把与中共的合作看作是中共方面对他的“输诚”，不是联共而是要“溶共”。如果“一切经过抗日民族统一战线”，就是一切都要与国民党协商，经过其同意，等于是用统一战线束缚住中共自己的手脚。

① 中共中央文献研究室编：《毛泽东在七大的报告和讲话集》，中央文献出版社1995年版，第231页。

② 彭德怀：《彭德怀自述》，人民出版社1981年版，第224—226页。

十二月会议上王明错误言论的产生有其复杂的背景。一是由于王明长期在莫斯科学习和工作，对于大革命失败给中共造成的损失没有切身的感受，也没有真正经历残酷的十年内战，对国民党特别是蒋介石的认识远远没有毛泽东深刻。参加了“十二月会议”的张国焘在他的回忆录中说：“他（指王明——引者注）仍是一个无经验的小伙子，显得志大才疏，爱放言高论，不考察实际情况，也缺乏贯彻其主张的能力与方法。”[①]张的回忆虽有许多情绪化的地方，但他对王明的这个评价是有一定道理的。二是来自共产国际政策的影响。在一个相当长的时期内，共产国际所代表的实际上是苏联的利益。中国全面抗战爆发后，斯大林出于避免苏联东西两线作战的考虑，对国民党的抗战作出了积极支持的姿态，这在客观上确实是有利于中国抗战的。但是，斯大林的目的是让蒋介石能够拖住日本，因此他认为中共必须迁就和服从国民党。1940 年斯大林在接见即将赴任的苏联驻华武官兼蒋介石的总军事顾问崔可夫时，曾说过这样的话：“照理说，中国共产党人比蒋介石对我们更亲近。照理说，主要援助也应该给予他们”，但“中国共产党和中国工人阶级要成为反侵略斗争的领导者，还显得弱。要把群众争取到自己一边来还需要时间，需要多长时间，很难说”“中国共产党人在国内的地位还不巩固。蒋介石可以轻而易举地联合日本人反对共产党。共产党却不可能联合日本人。蒋介石可以从美国和英国得到援助。毛泽东只要不背叛共产主义运动，就永远得不到这些国家的支持。欧洲的局势，希特勒的节节胜利，预示着英国和美国对蒋介石的援助将会逐渐增加。这也就使人可以指望，由于有我们的援助和英美同盟国的援助，蒋介石即便不能打退，也能长期拖住日本的侵略”[②]。斯大林的这些话，虽然是几年后说的，但反映了他当时对中共与国民党的基本立场。斯大林对国共两党的这种态度，必定影响到共

① 张国焘：《我的回忆》第 3 册，东方出版社 1998 年版，第 424 页。

② 参见［苏］崔可夫：《在中国的使命：一个军事顾问的笔记》，赖铭传译，解放军出版社 2012 年版，第 45—46 页。

产国际对中共的政策，季米特洛夫的“一切服从统一战线”“一切经过统一战线”的建议和国共“共同负责，共同领导”的主张与斯大林对国共关系的看法不无关联。

会后，王明等即去武汉工作。在武汉期间，王明在实际工作中开始贯彻这些错误主张，如他起草而未经中共中央同意的《中共中央对时局的宣言》以及发表的《挽救时局的关键》等文章，提出了许多对国民党无原则迁就退让的观点，对中共党的实际工作造成危害，“使党未能在 1937 年冬至 1938 年春在华中敌后更广泛地开展抗日游击战争和创造抗日根据地”[①]。但从全局来看，王明的错误在党内并没有取得统治地位，因为经过十多年成功和失败锻炼的中国共产党已经逐步成熟起来。王明提出的那些不符合中国国情的错误主张在实际工作中因为行不通而遭到抵制。十二月会议结束后，毛泽东多次致电各抗日根据地的首长，要求各地必须坚持抗日民族统一战线政策，同各友军和地方士绅搞好关系，“减少摩擦，团结对敌”[②]，他强调，“扩大和巩固统一战线，始终是我们的中心与方针。”[③]

中共中央政治局三月政治局会议

（1938 年 2 月 27 日至 3 月 1 日）

1938 年是全面抗战爆发后的第二个年头，对于中国共产党、抗日民族统一战线和全民族抗战来说，都面临着巨大压力。2 月 27 日至 3 月 1 日，中共中央在延安召开政治局会议，会议主要

① 中共中央党史研究室：《中国共产党九十年》（新民主主义革命时期），中共党史出版社 2016 年版，第 202 页。

② 毛泽东致邓小平、程子华、彭雪枫等电，1937 年 12 月 17 日 // 逄先知、金冲及主编：《毛泽东传》（二），中央文献出版社 2011 年版，第 514 页。

③ 毛泽东、萧劲光、谭政致边区各军政首长电，1937 年 12 月 24 日 // 逄先知、金冲及主编：《毛泽东传》（二），中央文献出版社 2011 年版，第 514 页。

任弼时、毛泽东、周恩来（左起）

讨论了目前抗战形势、国共两党关系和抗日军事问题，这次会议在党的历史上被称作“三月政治局会议”。

一、“最近时局中发生许多新的严重问题”

1938 年 3 月的政治局会议，是中共中央根据“最近时局中发生许多新的严重问题”的判断而召开的。全面抗战爆发几个月后，中国的时局不仅是战事的紧张和抗战所面临的巨大压力，而且国共合作的统一战线也面临着严峻的考验。当时时局的严重问题表现在两个方面：一是全国抗战形势进一步恶化，国民党的抗战态度发生动摇。侵华日军在占领南京、济南后，为迅速实现灭亡中国的侵略计划，于 1938 年 1 月下旬开始从南北两个方向沿津浦路夹击徐州，中国的抗战局势极其严峻。在此期间，德国驻华大使陶德曼秉承本国政府旨意进行了促使中国接受日本政府侵略要求的“陶德曼调停”，这对蒋介石和国民党的抗战意志是一个极大的考验。二是国民党的反共活动日见抬头。1938 年 1 月，国民党代表康泽、刘健群在国共两党关系委员会上公开鼓吹“一个党、一个领袖、一个主义”，攻击八路军在华北是“游而不击”，国民党军方机关报《扫荡报》和《血路》《民意》《抗战与文化》等刊物掀起所谓“一党运动”，1938 年 1 月 17 日，国民党特务机关指使几十名暴徒捣毁《新华日报》营业部和印刷厂。“这些事件，对中国共产党内正确认识国民党的本质是一次现实的教育”①。

1938 年 2 月 7 日，王明、周恩来、博古、董必武、叶剑英致电中共中央书记处，“最近时局中发生许多新的严重问题，提议在二月二十日前后召开政治局会议”②。2 月 27 日至 3 月 1 日，中共中央在延安召开政治局会议，会议主要讨论了目前抗战形势、国共两党关系和抗日军事问题。

二、让我们党在坚持统一战线中的独立性壮大起来

王明在会上作了《目前抗战形势与如何继续抗战和争取抗战胜利》的政治报告。由于国民党进行的“一个党的运动”，他在报告中介绍了国民党压制共产党、破坏国共合作的严重情况，承认自己起草的《中共中央对时局的宣言》，“在词句上是太让步了”。另一方面又认为，“国民党现在提出只要一个军队，我们也不能反对这个口号”。在军事问题上，王明把希望寄托在外部援助上，不切实际地指望通过外援，组建几十个有新式武器装备的师团作为全国军队的骨干，甚至希望全国抗日军队能够“统一指挥”“统一编制”“统一武装”“统一纪律”“统一待遇”“统一作战计划”和“统一作战行动”，在作战方式上，他主张“确定和普遍地实行以运动战为主，配合以阵地战，辅之以游击战的战略方针”③。在与国民党的关系

① 逄先知、金冲及主编：《毛泽东传》（1893—1949）（二），中央文献出版社 2011 年版，第 515 页。
② 中共中央文献研究室编：《周恩来年谱》（1898—1949），中央文献出版社 1998 年版，第 412 页。
③ 逄先知、金冲及主编：《毛泽东传》（二），中央文献出版社 2011 年版，第 516 页。

1937年11月29日，中共驻共产国际代表王明等由苏联回到延安。图为毛泽东等在机场欢迎时的合影。前排：右一为王明、右三为毛泽东、左一为陈云

问题上主张让边区政府开放党禁，允许国民党的公开活动，允许其他党派活动。

毛泽东在第二天发言，一开始便说：“我只讲军事问题，先说战争的长期性。”他指出：“中国抗战最后是必然胜利的，但必须经过许多困难。”国民党的腐败和共产党力量的不足，英、美等国帮助日本多于帮助中国，苏联对中国也不能有更大的帮助，这些情况造成了中国抗战的长期性。他认为，在过去几个月的时间里，中国抗战没有大踏步的进退，只是硬拼，这是错误的。“共产党组织赤卫队及游击队有丰富经验，要告诉全国来学习。”他强调，坚持抗战和坚持抗战的胜利，固然要争取外援，但要以自力更生为主。为此，要在将来战争发展过程中创造许多抗日区域，

如陕甘、绥远、山西、山东、鄂豫皖、湘鄂赣、皖南等，形成“日本包围我们，我们在战役上也包围日本”的态势。在国共关系问题上，毛泽东认为，为争取国民党继续抗战，合作形式将来可采用民族联盟或共产党员重新加入国民党，但是要保证共产党的独立性。[①]

张闻天在会上比较系统地阐述了对国民党的认识和应如何处理与国民党的关系，他说：“历史决定了国共两党需要合作，但是合作中两党中是存在着两党争取领导权的问题。中国资产阶级是有经验的。他们目前需要两党合作，但又怕我们发展；要利用共产党和人民的力量，但又害怕共产党与民众的力量。目前阶级斗争的形式更复杂了。我们要看到，与国民党有些摩擦是不奇怪的。我们的任务便是要推动国民党进步。与国民党吵一下是难免的，但注意不要分裂了。我们无论何时不要忘记要与国民党的合作，但也必须时时保持戒心。”他还说：“我们一方面要保持与国民党的合作，同时也要发展自己的力量。在巩固国共两党合作原则下求得我党力量的巩固与扩大。”[②]

会议还讨论了党的建设问题。毛泽东在会上提出要大大发展中共党员，只有大党才能选拔大批的干部，建议中央对这个问题作出新的决议。张闻天在发言中明确表示“同意泽东同志意见，要大量发展党员。目前只有九万余党员，太少了”，他指出，在党的力量的使用方面，“要用很大的力量去创造各个地区的根据地，不要平均使用党的力量。”[③]周恩来说，现在统一战线运动扩大，但党组织的发展赶不上形势的发展，建议中共中央加强对中国南部的领导。[④]会议就此达成共识，3 月 15 日中共中央做出了《关于大量发展党员的决议》。

会议采纳了中共代表团的建议，决定同意周恩来出任国民政

---

① 逄先知、金冲及主编：《毛泽东传》（二），中央文献出版社 2011 年版，第 516 页。

② 张培森主编：《张闻天年谱》上卷（1900—1941），中共党史出版社 2010 年版，第 546—547 页。

③ 张培森主编：《张闻天年谱》上卷（1900—1941），中共党史出版社 2010 年版，第 547 页。

④ 中共中央文献研究室编：《周恩来年谱》（1898—1949）（修订本），中央文献出版社 1998 年版，第 415 页。

府军事委员会政治部副部长。决定由周恩来起草对国民党的军事建议书。

毛泽东在会上还提出："王明同志在今天的形势下不能再到武汉去"，3月1日，政治局会议正式通过决定："王明同志留一个月即回来（如估计武汉、西安交通有断绝之时则提前）"，[①] 但王明去武汉后一直到中共六中全会召开时才回延安。

为什么在坚持抗日、坚持统一战线的共同主张下，毛泽东、王明之间会产生这么尖锐的分歧？王明为什么一直不顾中国的实际情况坚持他那些错误主张？毛泽东后来说过："王明问题的关键、症结之所在，就是他对自己的事（指中国问题——引者注）考虑得太少了，对别人的事却操心得太多了。"[②]

三、会后任弼时受中共中央派遣去共产国际汇报

三月会议结束后，王明在武汉自行写了《三月政治局会议的总结》，在《群众》周刊上公开发表，继续把工作重点放在大城市和同国民党上层的关系上。从王明回国后的表现看，他提出的一系列观点都体现了右倾错误。政治上，过分强调统一战线中的联合，忽视中共的独立自主性；在军事上，轻视党领导的游击战的战略地位；在组织上，不尊重、不服从以毛泽东为核心的中央领导。

面对党内的意见分歧，毛泽东、张闻天等中央领导人为顾全党中央团结统一的大局，没有立即对王明提出批评。三月政治局会议决定，派任弼时前往莫斯科，向共产国际汇报情况。由于共产国际长期对中国的实际情况缺乏了解，任弼时这次担当的任务是十分重要的。事实证明，他的莫斯科之行不辱使命。1938年4月14日，任弼时代表中共中央向共产国际递交了《中国抗日战争的形势与中国共产党的工作和任务》的书面报告大纲，并且向

① 逄先知、金冲及主编：《毛泽东传》（二），中央文献出版社2011年版，第517页。
② 师哲：《在历史巨人身边》，中央文献出版社1991年版，第263页。

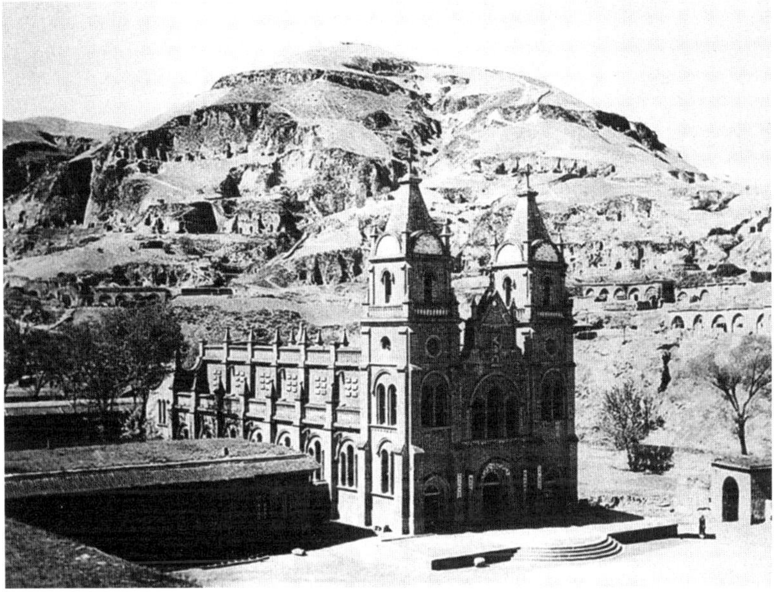
中共扩大的六届六中全会会址

共产国际执委会作了详细的口头报告，介绍了抗战以来中国国内的变化、抗日民族统一战线的状况、党的状况以及八路军的作战情况，包括国共合作以来的特点、困难和阻碍。他还单独向季米特洛夫作了报告。这使共产国际对中国的实际情况有了较多的了解，对中国共产党有了新的认识。6月11日，共产党国际执委会主席团在经过认真讨论后，通过《关于中共代表报告的决议案》

和《共产国际执委会主席团的决定》，明确指出“共产国际执委会主席团声明完全同意中国共产党的政治路线。”[①]

中共扩大的六届六中全会

（1938 年 9 月 29 日至 11 月 6 日）

在中国共产党历史上，中共扩大的六届六中全会是一次具有重大历史意义的会议。全面抗战爆发以来，中国共产党经历了许多重大事变，其中最大最重要的是由国内各党派各阶级相互对立的局面转到以国共两党合作为基础的抗日民族统一战线，由国内战争转到抗日战争。在新形势下，为总结抗战十五个月以来的经验教训，认清抗战的形势和前途，统一全党的认识和步调，明确共产党在抗战中的责任，1938 年 9 月 29 日至 11 月 6 日，中国共产党在延安举行扩大的六届六中全会。

一、六届六中全会召开背景

全面抗战爆发后，由于抗日民族统一战线的形成和第二次国共合作的建立，中国共产党如何正确处理统一战线中统一和独立、团结和斗争的关系就成为一个极其重要而又异常复杂的问题。抗战一开始，中共中央就指出必须坚持统一战线中独立自主的原则。但是中共中央确定的抗日民族统一战线中独立自主的原则，最初并没有被全党充分理解，一部分共产党员在抗战面前忘记了国共两党在抗战路线上的原则分歧，重视民族斗争而忽视阶级斗争。特别是王明回国后推行的右倾错误主张，在思想上引起了党内关于这一原则问题认识的混乱。

① 转引自中共中央党史研究室：《中国共产党历史》第一卷（1921—1949）下册，中共党史出版社 2011 年版，第 518 页。

全国抗战爆发后，共产国际认为中国问题的关键是建立国共统一战线，中国的抗战要依靠以蒋介石为首的国民党，中国共产党应竭力促成在国民党政府基础上的全国的团结统一，但是同时“我们中国同志和中国党就会遇到很大的艰难险阻，因为蒋介石及其亲信会要弄种种手腕。不难想象，我们党面临的是何等险象环生的局面。”[①] 因此，共产国际决定派中国驻共产国际代表、共产国际执委会主席团成员和政治书记处候补书记王明回国帮助中国共产党。王明回国之前，季米特洛夫在对王明的谈话中指出，王明长期离开中国，脱离中国实际，要求王明以谦逊的态度尊重中国共产党的领导同志，不要以共产国际代表自居。

1937 年 11 月底，王明从苏联回国。虽然王明在坚持抗战和国共合作方面发表了一些正确意见，但在如何巩固和扩大抗日民族统一战线问题上提出了右倾错误观点。从 1937 年 11 月回国至中共六届六中全会召开之前，王明的右倾错误主要表现在以下几个方面：第一，政治上，只讲联合不讲斗争，抹杀统一战线中的阶级差别和阶级矛盾的存在，否认统一战线中的独立自主原则，主张“一切服从统一战线”“一切经过统一战线”。第二，军事上，对中日战争的长期性缺乏足够认识，不重视建立敌后抗日根据地，轻视党领导的敌后游击战争，幻想依靠国民党军队取得速胜。第三，组织纪律上，违反党的民主集中制原则，不执行党中央的正确指示，不尊重党中央的统一。王明的右倾错误观点带来了党内思想认识上的混乱，并在实际工作中对党造成危害。

中共中央对王明的右倾错误进行了坚决的抵制和斗争，把王明右倾错误的影响限制在局部范围内。三月政治局会议后，中共中央决定派遣任弼时到莫斯科向共产国际交涉“军事、政治、经济、技术人才”等问题说明中国抗日战争形势和中国抗日民族统一战线中的具体情况，并代替王稼祥担任中共驻共产国际代表。共产国际对任弼时的报告评价很高，认为中国共产党的政治路线

---

① 中国社会科学院近代史研究所翻译室编译：《共产国际有关中国革命的文献资料》第 3 辑，中国社会科学出版社 1990 年版，第 18 页。

是正确的。王稼祥回国后，传达了共产国际和季米特洛夫的指示："认为中共一年来建立了抗日统一战线，尤其是朱、毛等领导了八路军执行了党的新政策，共产国际认为中国的政治路线是正确的。中共在复杂的环境极困难条件下真正运用了马列主义。""在领导机关中要在毛泽东为首的领导下解决，领导机关中要有亲密团结的空气。"[①]

这说明共产国际完全同意中国共产党对以毛泽东为首的中共中央经洛川会议制定的路线，肯定了毛泽东对中国共产党领导的正确性，这对统一全党认识，加强中央领导机关指导思想的一致，克服王明右倾错误起到了重要作用。

二、六届六中全会议程

在中国共产党历史上具有重大意义的扩大的六届六中全会，于1938年9月29日至11月6日在延安桥儿沟天主教堂召开。参加这次会议的中央委员和候补委员十七人，中央各部门和各地区领导干部三十六人[②]，这是自1928年中共六大以来到会人数最多的一次中央全会。

全会由张闻天致开幕词，他说，这次全会的任务是如何克服困难，坚持抗战，争取胜利。为此，要讨论的问题有：抗战的经验教训；目前抗战的形势；如何使共产党成为抗战的核心与领导；七大的准备。接着，王稼祥在会上作《国际指示报告》，再次传达了共产国际和季米特洛夫的指示。

9月30日至10月8日，八路军、新四军和各方面负责人先后作工作报告。10月12日至14日，毛泽东在全会上作《论新阶段》

① 王稼祥：《王稼祥选集》，人民出版社1989年版，第138、141页。

② 六届六中全会正式出席人员共53人，中央政治局委员12人：毛泽东、朱德、周恩来、王明、张闻天、项英、博古、康生、王稼祥、彭德怀、刘少奇、陈云。中央委员5人：关向应、张浩、杨尚昆、李富春、罗迈。各方面负责人36人：贺龙、邓小平、罗荣桓、彭真、潘汉年、徐特立、曾山、吴玉章、张文彬、朱理治、贾拓夫、林伯渠、谢觉哉、冯文彬、李昌、林彪、罗瑞卿、滕代远、肖劲光、谭政、郭述申、高自立、高岗、成仿吾、高文华、柯庆施、孟庆树、曹轶欧、萧克、杜里卿、徐海东、宋一平、谭余保、涂振农、李六如、程子华。

的报告。10月15日，张闻天作《关于抗日民族统一战线与党的组织问题》的报告。10月19日，全会发出《为追悼鲁迅逝世二周年致许广平女士的慰问信》。10月19日至29日，全会进行发言讨论。他们都表示完全同意毛泽东、张闻天和王稼祥的报告，并结合自身具体工作，论述了以毛泽东为首的中共中央制定的抗战路线、方针、政策的正确性。10月31日，陈云作关于讨论青年工作问题的结论。11月1日，康生作关于中共七大准备工作的报告。11月5日，全会通过《致斯大林、季米特洛夫电》和《致蒋委员长电》。11月5日至6日，毛泽东在全会上作结论，着重讲了统一战线中的独立自主、战争和战略这两个根本问题。11月6日，全会通过《中共扩大的六中全会政治决议案》和其他一些文件。

根据形势的发展变化，全会决定撤销长江局，设立南方局和中原局，周恩来和刘少奇分别担任书记；将东南分局改为东南局，项英任书记；调整了北方局，杨尚昆为书记。

11月6日，王稼祥致闭幕词，中国共产党扩大的六届六中全会胜利结束。

三、六届六中全会解决的主要问题

（一）全会正确地总结了抗战以来的经验，分析了抗战形势和抗战必胜的前途，指明了中国人民在抗日战争新阶段的基本任务

毛泽东指出，15个月的抗战经验证明中国的抗战是长期的而非短期的，最后的胜利是中国的，悲观论者是没有根据的；我们的战略方针不是速决战，而是持久战；支持长期战争与争取最后胜利的唯一正确道路，在于巩固与扩大全民族的统一团结，力求进步，依靠民众。目前，抗日战争正向着一个新阶段发展，即抗战正处在由战略防御转入敌我相持的过渡时期。由目前过渡到

中共扩大的六届六中全会主席团成员合影，前排左起：康生、毛泽东、王稼祥、朱德、项英、王明，后排左起：陈云、博古、彭德怀、刘少奇、周恩来、张闻天

敌被迫停止其战略进攻，转入保守其占领地，出现整个敌我相持阶段之时，还是一个斗争的过程，还有许多困难，我们应该准备长期战争。

根据毛泽东的总结和分析，全会确定中华民族在新阶段的基本任务是："坚持抗战，坚持持久战，巩固和扩大抗日民族统一战线，以便克服困难，增加力量，停止敌之进攻，实行我之反攻，以取得最后驱逐日寇出境和建立独立自由幸福的三民主义新中国的光荣胜利。"①

① 中央档案馆编：《中共中央文件选集》第 11 册，中共中央党校出版社 1991 年版，第 747 页。

（二）全会明确指出要不断巩固和扩大抗日民族统一战线，用长期合作来支持长期战争，要坚持统一战线中的独立自主原则

毛泽东在政治报告和总结报告中系统阐述了中国共产党坚持抗日民族统一战线的重要性和坚持统一战线中独立自主原则的重要性，巩固与扩大抗日民族统一战线，巩固与扩大国共合作，对顺利执行当前紧急任务，渡过战争难关，具有重要意义。为了长期合作，“统一战线中各党派实行互助互让是必须的。”[①]“但同时，必须保持加入统一战线中的任何党派在思想上、政治上与组织上的独立性”，“如果被人抹杀或自己抛弃这种相对的独立性或自由权，也同样将破坏团结对敌，破坏统一战线”[②]。因此，“我们的方针是统一战线中的独立自主，既统一，又独立。”[③]

毛泽东在全会作的结论中不点名批评了“一切经过统一战线”的错误口号，他指出国民党是当权的党，它限制共产党的发展，剥夺各党派的平等权利，企图指挥各党听它一党的命令。在这种情况下，“一切经过统一战线”，那就是一切经过蒋介石、阎锡山，成为单方面的服从，“只是自己把自己的手脚束缚起来，是完全不应该的”[④]正确的方针应该是既统一，又独立。统一战线中的合作和让步都是以承认对方为前提，不能因合作和统一而抹杀党派和阶级的独立性及其必要的权利，那样必然会牺牲统一战线。所以，没有独立就没有统一，统一和独立是可以而且也应当一致起来的。这样做的目的是为了调整统一战线中各阶级之间的关系，以便放手发动和依靠广大人民群众，联合一切可以联合的力量，取得抗日民族战争的最后胜利。

①《毛泽东选集》第 2 卷，人民出版社 1991 年版，第 537 页。

② 中央档案馆编：《中共中央文件选集》第 11 册，中共中央党校出版社 1991 年版，第 646 页。

③《毛泽东选集》第 2 卷，人民出版社 1991 年版，第 540 页。

④《毛泽东选集》第 2 卷，人民出版社 1991 年版，第 540 页。

（三）全会指出中国共产党领导人民开展敌后抗日游击战争的重要意义，确定党的主要工作在战区和敌后

全会明确指出要把党的主要工作放在战区和敌后，独立自主地放手组织人民抗日武装斗争。在报告中，毛泽东分析了中国的特殊国情，指出抗战时期，党以主要力量在敌后开展独立自主的游击战争，建设抗日民主根据地，这实际上是中国革命在民族战争的条件下继续走乡村包围城市的道路。从而有力反驳了王明在发言中表现出的对中国抗战依靠革命的乡村战胜敌占城市的怀疑。

毛泽东在报告中阐述了游击战争在抗战中的战略地位，“游击战争是在全战争中占着一个重要的战略地位的。没有游击战争，忽视游击队和游击军的建设，忽视游击战的研究和指导，也将不能战胜日本”。“我们将经过游击战争，积蓄力量，把自己造成为粉碎日本帝国主义的决定因素之一。”[①] 特别是在广州、武汉失守后，抗日战争会进入相持阶段，为了准备对付日军回师敌后，争取主动，全会确定党在敌后武装斗争的战略部署是巩固华北、发展华中。

毛泽东还强调指出，在中国主要的斗争形式是战争，而主要的组织形式是军队。党的组织工作和民运工作也是配合战争的，所以全党都要注意战争，学习军事。“共产党员不争个人的兵权（决不能争，再也不要学张国焘），但要争党的兵权，要争人民的兵权。现在是民族抗战，还要争民族的兵权。在兵权问题上患幼稚病，必定得不到一点东西”。[②] 这实际上反驳了把战胜日寇的希望寄托于国民党军队，热衷于在国统区搞合法运动的右倾错误思想。

---

①《毛泽东选集》第2卷，人民出版社1991年版，第552、554页。

②《毛泽东选集》第2卷，人民出版社1991年版，第546页。

（四）全会强调马列主义与中国革命实际相结合，批判了教条主义，明确提出马克思主义中国化的口号

马克思主义中国化是把马克思主义基本原理与中国实际相结合，形成中国化的马克思主义理论的历史过程。中国共产党自成立之日起，就在革命实践中不断加深对马克思主义中国化的认识。但是 1937 年 11 月王明回国后提出的一系列右倾错误主张，“一度又模糊了党内对毛泽东思想的认识，以致此后约半年时间内，毛泽东又处在少数甚至孤立的地位”[①]。因此马克思主义要不要中国化就成为六届六中全会亟待解决的一个重大问题。

毛泽东在全会上强调中国共产党要认真担负起在抗日战争中的领导地位和历史责任，为此全党同志必须努力学习马克思列宁主义理论，善于把马克思列宁主义的一般原理和国际经验应用于中国的具体环境，使马克思列宁主义在中国具体化。没有抽象的马克思主义，只有具体的马克思主义。所谓具体的马克思主义，就是通过民族形式的马克思主义，就是把马克思主义应用到中国具体环境的具体斗争中去，而不是抽象地应用它。“成为伟大中华民族的一部分而和这个民族血肉相连的共产党员，离开中国特点来谈马克思主义，只是抽象的空洞的马克思主义。因此，使马克思主义在中国具体化，使之在其每一表现中带着必须有的中国的特性，即是说，按照中国的特点去应用它，成为全党亟待了解并亟须解决的问题。洋八股必须废止，空洞抽象的调头必须少唱，教条主义必须休息，而代之以新鲜活泼的、为中国老百姓所喜闻乐见的中国作风和中国气派。”[②]

毛泽东关于马克思主义中国化的阐述包含了对党的历史经验教训的总结，迅速成为全会的共识，引起与会者的深入思考与广泛讨论，即便是王明也不得不承认马列主义具体运用于中国是完全对的。毛泽东明确提出并深刻论述马克思主义中国化这一命

① 李维汉：《回忆与研究》（上），中共党史资料出版社 1986 年版，443 页。

② 中央档案馆编：《中共中央文件选集》第 11 册，中共中央党校出版社 1991 年版，第 658—659 页。

题，“为反对理论上的教条主义，摆脱政治上的‘左’和右的错误提供了坚实的理论基础，是党走向成熟的理论标志”[①]。

（五）全会明确了中国共产党的组织纪律，完善了党的组织建设和干部队伍建设

鉴于党内相继发生张国焘由反党反中央的分裂活动发展到叛党投降国民党的事件以及王明组织上闹独立的倾向，为了健全党的民主集中制，巩固党的团结和统一，毛泽东在政治报告中重申了党的纪律，明确提出了个人服从组织、少数服从多数、下级服从上级、全党服从中央的组织纪律，指出这“四个服从”是党的民主集中制原则的具体实施，谁破坏了这个纪律，谁就破坏了党的统一。毛泽东全面地论述了党的干部政策，批评了过去干部政策问题上的自由主义和宗派主义倾向。他指出：“共产党的干部政策，应是以能否坚决地执行党的路线，服从党的纪律，和群众有密切的联系，有独立的工作能力，积极肯干，不谋私利为标准，这就是‘任人唯贤’的路线。”[②]毛泽东特别强调全党团结的重要性，指出中国共产党内部的团结，是保证抗日民族统一战线巩固扩大的最基本前提，是团结全国人民争取抗日胜利和实现建国大业的最重要条件，“每个共产党员应该爱护党和党的团结统一有如生命”“认真实行党的民主集中制”“使党及其各级领导机关达到在政治上和组织上团结得像一个人一样的程度”。[③]

全会制定通过了关于党的组织纪律原则的一系列文件：《关于中央委员会工作规则与纪律的决定》《关于各级党委暂行组织机构的决定》《关于各级党部工作规则与纪律的决定》等。这些文件分别规定了中央委员会、中央政治局、中央书记处及各级党委、各级党部工作的任务、职责范围和纪律。特别强调每个党员

① 任晓伟：《六届六中全会在党的建设中的作用论析》，《党的文献》，2009（4）。
②《毛泽东选集》第2卷，人民出版社1991年版，第527页。
③ 中央档案馆编：《中共中央文件选集》第11册，中共中央党校出版社1991年版，第758页。

都必须遵守民主集中制的原则。规定各中央委员如果没有中央委员会、中央政治局及中央书记处的委托，不得以中央名义向党内党外发表言论与文件。各中央委员不得在中央委员会以外对任何人发表与中央委员会决定违反的意见，亦不得有任何相违反的行动。这些决定加强了党的组织建设，保障了民主集中制。

四、六届六中全会的历史地位

王稼祥在全会的闭幕词中明确指出了六届六中全会的重大意义："此次会在党史中占重要地位，总结了过去的经验，定出了工作，将会完成光荣的任务。此次会在中华民族史上亦有重大的意义，推动抗日战争走向最后的胜利。"[①] 中国共产党扩大的六届六中全会在复杂的环境中，及时克服了王明右倾错误的影响，维护了党内的正确思想，巩固了遵义会议以来形成的以毛泽东为首的中共中央正确的核心领导，坚持了洛川会议制定的独立自主领导抗日战争的基本路线和政策，加强了党的团结和统一，从政治上、思想上、组织上为实现党对抗日战争的领导奠定了基础，推动了各项工作的迅速发展。因此毛泽东在党的第七次代表大会上说："六届六中全会是决定中国之命运的。"

毛泽东从抗战开始以来一直坚持的那些正确主张，在中共六届六中全会上已得到绝大多数人的理解和拥护。正如彭德怀在这次全会上的发言中说："领袖是长期斗争经验总结的，是长期斗争中产生的。毛泽东的领导地位是由正确的领导取得的。"[②]

---

①《王稼祥选集》，人民出版社 1989 年版，第 147 页。

② 彭德怀在中共六届六中全会上的发言记录，1938 年 10 月 23 日 // 金冲及，《生死关头——中国共产党的道路抉择》，生活·读书·新知三联书店 2016 年版，第 270 页。

第三章

开展整风 统一思想

1941 年中共中央政治局扩大会议

（1941 年 9 月 10 日至 10 月 22 日）

1941 年 9 月 10 日至 10 月 22 日，中共中央政治局在延安召开了扩大会议（即九月会议），先后共举行了五次会议，参加会议的包括中央政治局委员、候补委员以及在延安的 120 多名高级领导干部，会议集中讨论了党在土地革命战争后期即 1931 年 9 月开始的中共临时中央的领导路线问题。

一、会议的背景

全面抗战爆发后，以毛泽东为核心的中共中央，总结历史经验，深切地认识到党内的思想矛盾是会经常发生的，而解决这些矛盾绝不能单纯依靠组织处分和采取压服的方法，而必须使党员群众和党的干部首先是高级干部，学会运用马克思列宁主义的立场、观点和方法来辨别是非，观察问题。而要解决这个问题，就必须在党内进行一次普遍的、生动的、理论联系实际的、运用批评和自我批评方法的马克思主义教育运动，也就是整风运动。

会上，毛泽东提出了马克思主义中国化的问题，并号召全党来一个学习竞赛，要求大家把马克思主义与中国革命的实际结合起来。毛泽东号召大家学习马列主义，目的就是总结中国革命的经验，重新认识党的历史，掌握中国革命的规律。1939 年 10 月 14 日，毛泽东在《〈共产党人〉发刊词》中，分阶段地总结了中国共产党 18 年来的历史经验。指出：在党的幼年阶段，革命失败的主要原因，就在于“还不善于将马克思列宁主义的理论和中国革命的实践相结合”。而在土地革命战争时期，“一部分同志曾在这个伟大斗争中跌下了或跌下过机会主义的泥坑，这仍然是因为他们不去虚心领会过去的经验，对于中国的历史状况和社会状况、中国革命的特点、中国革命的规律不了解，对于马克思

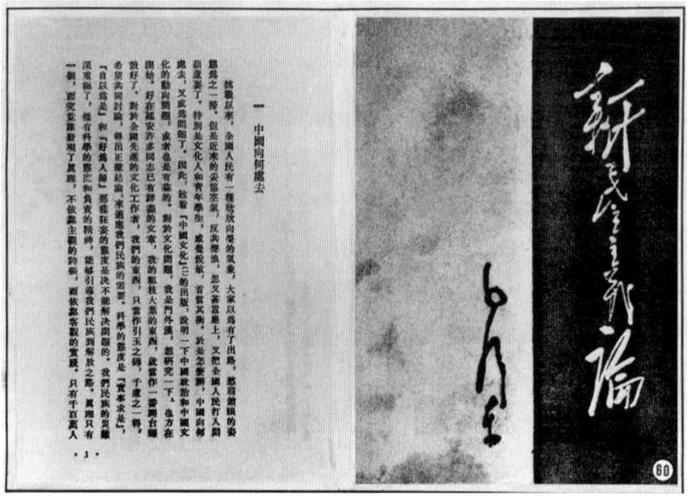
新民主主義論

毛澤東

60

一　中國向何處去

抗戰以來，全國人民有一種欣欣向榮的氣象，大家以爲有了出路，愁眉鎖眼的姿態爲之一掃。但是近來的妥協空氣，反共聲浪，忽又甚囂塵上，又把全國人民打入悶葫蘆裏了。特別是文化人和青年學生，感覺銳敏，首當其衝。於是怎麼辦，中國向何處去，又成爲問題了。因此，趁着「中國文化」(一)的出版，說明一下中國政治和中國文化的動向問題，或者也是有益的。對於文化問題，我是門外漢，想研究一下，也方在開始。好在延安許多同志已有詳盡的文章，我的粗枝大葉的東西，就當作一番開台鑼鼓好了。對於全國先進的文化工作者，我們的東西，只當作引玉之磚，千慮之一得，希望共同討論，得出正確結論，來適應我們民族的需要。科學的態度是「實事求是」，「自以爲是」和「好爲人師」那樣狂妄的態度是決不能解決問題的。我們民族的災難深重極了，惟有科學的態度和負責的精神，能夠引導我們民族到解放之路。眞理只有一個，而究竟誰發現了眞理，不依靠主觀的誇張，而依靠客觀的實踐。只有千百萬人

·1·

《新民主主义论》

列宁主义的理论和中国革命的实践没有统一的理解而来的”[①]。

1939年12月和1940年1月，毛泽东又写了《中国革命和中国共产党》与《新民主主义论》，对中国社会特点和中国革命规律做了深刻阐述，系统地提出了新民主主义革命理论，为全党的马列主义学习指明了方向。但是，这时党内的主观主义特别是教条主义，还在经常作怪。1940年3月19日，王明在延安再版他的《为中共更加布尔塞维克化而斗争》一书，并在再版序言中写道：“本书所记载着的事实，是中国共产党发展史中的一个相当重要的阶段，因此，许多人要求了解这些历史事实。”他还指出：“不能把昨日之是，一概看作今日之非；或把今日之非，一概断定不能作为昨日之是。”这表明，王明还在为过去的“左”

---

①《毛泽东选集》第2卷，人民出版社1991年版，第611页。

倾错误作辩护。事实上，不仅王明“左”倾错误的思想根源没有得到应有的清算，而且他在抗战初期的右倾错误，在党内也还存在一定影响。这种影响，使部分地区在处理与国民党的关系时未能坚持独立自主的原则，因而使党的事业受到了不应有的损失。

1940年12月25日，毛泽东写了《论政策》的党内指示，指出：“土地革命的后期，由于不认识中国革命是半殖民地的资产阶级民主革命和革命的长期性这两个基本特点而产生的许多过左的政策，……不但在今天抗日时期，一概不能采用，就是在过去也是错误的。”[①] 毛泽东的论述是对土地革命战争时期的“左”倾路线的否定，但还是有少数同志认为土地革命战争时期“左”倾错误不是政治路线的错误，而是策略上的错误。它反映出要深刻地认识“左”倾错误路线还需要深入地学习和研究。所以，中央决定首先组织党的高级干部进行学习。中央要求党的高级干部运用马克思主义的立场、观点、方法，全面地分析和研究党的历史经验，以得出正确的结论。毛泽东亲自主持编辑了党的历史文件作为干部学习材料，中央也规定了一批马列主义经典著作与历史文件结合起来深入学习。

从此，党的高级干部中的整风运动就已经开始了。这时在延安参加学习的有各地高级领导干部120余名。为了推动这一学习的更好开展，1941年5月19日，毛泽东又在延安高级干部会议上作了《改造我们的学习》的报告，深刻地论述了马克思列宁主义基本原理同中国革命具体实际相结合的原则，尖锐批判了主观主义作风，号召全党注重调查研究，树立理论和实际相统一的马克思主义作风。毛泽东尖锐地指出：“许多同志的学习马克思列宁主义似乎并不是为了革命实践的需要，而是为了单纯的学习。所以虽然读了，但是消化不了。只会片面地引用马克思、恩格斯、列宁、斯大林的个别词句，而不会运用他们的立场、观点和方法，来具体地研究中国的现状和中国的历史，具体地分析中国革命问

①《毛泽东选集》第2卷，人民出版社1991年版，第762页。

题和解决中国革命问题。这种对待马克思列宁主义的态度是非常有害的，特别是对于中级以上的干部，害处更大。”[①]毛泽东接着讲，持有主观主义态度的人，其实都是忽视客观实际事物的存在，“或作讲演，则甲乙丙丁、一二三四的一大串；或做文章，则夸夸其谈的一大篇。无实事求是之意，有哗众取宠之心。华而不实，脆而不坚。自以为是，老子天下第一，‘钦差大臣’满天飞。这就是我们队伍中若干同志的作风。这种作风，拿了律己，则害了自己；拿了教人，则害了别人；拿了指导革命，则害了革命。总之，这种反科学的反马克思列宁主义的主观主义的方法，是共产党的大敌，是工人阶级的大敌，是人民的大敌，是民族的大敌，是党性不纯的一种表现”[②]。

7月和8月，中共中央做出《关于增强党性的决定》和《关于干部调查研究的决定》，号召全体党员和干部开展调查研究，坚持实事求是的原则，遵守党的纪律，加强党的团结，从思想上、政治上、组织上克服各种不良倾向和作风。这样，为了总结土地革命战争后期的历史经验，开展全党范围内的整风运动，中共中央决定在延安召开政治局扩大会议。

二、会议的过程

1941年9月10日至10月22日，中共中央政治局扩大会议（即九月会议）在延安召开。参加会议的政治局委员和候补委员有：毛泽东、朱德、张闻天、陈云、康生、王明、任弼时、刘少奇、王稼祥、彭德怀、秦邦宪、邓发、凯丰。参加会议的还有在延安的李富春、杨尚昆、李维汉、陈伯达、高岗、林伯渠、叶剑英、王若飞、彭真等120多名高级领导干部。这次会议虽然开的时间很长，但实际上只有9月10日、11日、12日、29日和10月22日开了5次会。

①《毛泽东选集》第3卷，人民出版社1991年版，第797页。

②《毛泽东选集》第3卷，人民出版社1991年版，第800页。

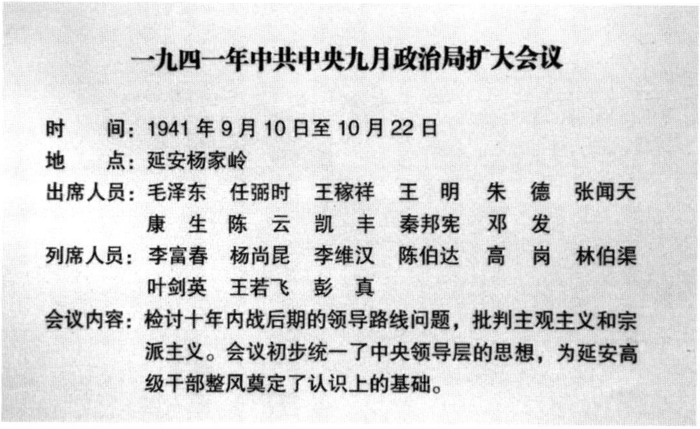

一九四一年中共中央九月政治局扩大会议

时　　间：1941年9月10日至10月22日

地　　点：延安杨家岭

出席人员：毛泽东　任弼时　王稼祥　王　明　朱　德　张闻天　康　生　陈　云　凯　丰　秦邦宪　邓　发

列席人员：李富春　杨尚昆　李维汉　陈伯达　高　岗　林伯渠　叶剑英　王若飞　彭　真

会议内容：检讨十年内战后期的领导路线问题，批判主观主义和宗派主义。会议初步统一了中央领导层的思想，为延安高级干部整风奠定了认识上的基础。

一九四一年中共中央九月政治局扩大会议

毛泽东在第一天的会上作了《反对主观主义和宗派主义》的报告。他在报告上指出：“过去我们的党很长时期为主观主义所统治，立三路线和苏维埃运动后期的‘左’倾机会主义都是主观主义。苏维埃运动后期的主观主义表现更严重，它的形态更完备，统治时间更长久，结果更悲惨。这是因为这些主观主义者自称为‘国际路线’，穿上马克思主义的外衣，是假马克思主义。”“遵义会议，实际上变更了一条政治路线。过去的路线在遵义会议后，在政治上、军事上、组织上都不能起作用了，但在思想上主观主义的遗毒仍然存在。”毛泽东在讲话中还分析了主观主义的三个来源：中国的传统、“左”的传统；外国的传统，过去共产国际如布哈林、季诺维也夫等人的影响；中国是科学不发达的、存在广大小资产阶级的国家。接着，他提出了克服主观主义、宗派主义的办法：要认识主观主义的严重性；要分清创造性的马克思主义和教条式的马克思主义；宣传创造性的马克思主义；我们反对主观主义，是为着提高理论，不是降低马克思主义。我们要使中国革命丰富的实际马克思主义化；对于理论脱离实际的人，提议取消他的“理论家”的资格；宗派主义既排外又排内，必须整顿；要实行两条路线的斗争，反对主观主义和宗派主义，反对教条主义和事务主义；报纸上要多登文章，奖励辩证唯物论的文章，反对主观主义的文章；实行学制的改革，把过去的一套彻底打碎；要用分析和综合的方法来解决问题；研究六大至七大的中央决议；教育委员会的工作，先进行调查，再进行改革；延安开一个动员大会，集中力量反对主观主义和宗派主义；把犯了错误的干部健全地保留下来；实行全党动员，除增强党性决定、调查研究决定外，再写些文章[①]。毛泽东讲完话后，王稼祥总结了主观主义产生的根源，他说：“除由于中国社会原因外，就是经验不够，学了一些理论而没有实际工作经验的人，易做教条主义者，从莫斯科国际回来没有实际工作经验的人，更易做教条主义者；实际工作经验多的人，不易做教条主义者，而容易成为狭隘经验主义者。”[②]

毛泽东的报告明确提出了整风所要的方法及根本方针，为这次会议及其后的全党整风定下了基调，会议讨论并通过了毛泽东的报告。会上，共有 28 人次发言。会议集中讨论了如何使全党干部掌握马列主义普遍真理和中国革命具体实践相结合这一根本方向问题，讨论了如何使党的组织达到真正的团结和统一的问题。会议检讨了党在历史上特别是第二次国内革命战争时期的政治路线问题，肯定中共中央从六届四中全会至遵义会议这一段历史上，犯了“左”倾政治路线性质的错误。许多人以对党高度负责的态度认真检讨了自己在历史上所犯的错误。

---

① 中央文献出版社编：《毛泽东思想年编 一九二一—一九七五》，中央文献出版社 2011 年版，第 298 页。

② 《王稼祥选集》，人民出版社 1989 年版，第 326 页。

张闻天在会上做了两次检讨发言。大会第一天，他明确表示：“过去我们对苏维埃后期的错误没有清算，这是欠的老账，现在必须偿还”。在反对主观主义的问题上，他提出：“反对主观主义，要作彻底的清算，不要掩盖，不要怕揭发自己的错误，不要怕自己的瘌痢头给人家看”。9 月 29 日，他对自己的主观主义、教条主义错误进行了深刻反思，“我个人主义、教条主义极严重，理论与实际脱离，过去没有深刻了解到”。他对苏维埃后期的错误作了进一步分析，说道：“对中央苏区工作，同意毛主席的估计，当时路线是错误的。政治方面是‘左’倾机会主义，策略是盲动的。军事方面是冒险主义（打大的中心城市、单纯防御等）。组织上是宗派主义，不相信老干部，否定过去一切经验，推翻旧的领导。以意气相投者结合，这必然会发展到乱打击干部。思想上是主观主义与教条主义，不研究历史与具体现实情况。”①

博古也诚恳地作了两次检讨发言。博古在会上也作了两次检讨发言，他说：1932 年至 1935 年的错误，我是主要负责的一人。后来我自己也想到，遵义会议前，不仅是军事上的错误，要揭发过去的错误，必须从思想方法上，从整个路线上来检讨。我过去是学了一些理论，拿了一套公式教条来反对人家。四中全会上我与稼祥、王明反对立三路线的教条主义，也是站在“左”的观点上反的，是洋教条反对土教条。我们完全没有实际经验，在苏联学的是德波林主义的哲学教条，又搬运了一些苏联社会主义建设的教条和西欧党的经验到中国来，过去许多党的决议是照抄国际的。在西安事变后，开始感觉这个时期的错误是政治错误。到重庆后，译校《联共（布）党史简明教程》，才对思想方法上的主观主义错误有些感觉。这次学习会检查过去错误，感到十分严重和沉痛。现在我有勇气研究过去的错误，希望在大家帮助下逐渐克服②。

任弼时也在 9 月 12 日的会议发言中对自己在中央苏区一段

①《张闻天选集》，人民出版社 1985 年版，第 313—314 页。

②《胡乔木回忆延安整风》（上），《党的文献》1994 年第 1 期，第 39—40 页。

时间内对毛泽东的错误批评作了实事求是的自我批评。他说：二十年党的历史说明，“根本问题是思想方法问题，即如何使理论与实际真正联系的问题”。真正的理论家，“那就是能理论与实际联系起来，能从经验中找出发展的规律而灵活的运用”，是“善于以理论为武器，根据具体的客观事实正确地决定斗争政策”，而不是空谈死背教条公式。中共六届四中全会后，“一九三二年一月到遵义会议时期，是更完备的主观主义、宗派主义思想占统治时期”，造成“更严重的路线错误和严重的恶果”。占据领导地位的主观教条主义者，以“更高明些的教条击败了不高明的教条主义、宗派主义者”；“他们更肆无忌惮地发挥其小资产阶级空想革命的主观主义，同时又以宗派主义来保持他那主观主义的空想革命的进行”；他们没有实际革命斗争的经验，并不真正愿意与群众实际生活接触；否认过去的革命斗争经验，以宗派主义组织路线打击不合于自己的异己者；他们规定一些东西要人家执行，而自己并不一定遵守和执行，“甚至在最危急时刻悲观而动摇”。他强调：中心问题在于看问题的方法，把理论与实际融合起来。并提出，对于毫无社会经验和常识的人，没有经过实际下层斗争锻炼的人，“去参加一些下层工作锻炼是必要的”。他对自己在“左”倾路线影响下所犯的错误做了自我批评[①]。王稼祥、李维汉等在会上也作了检讨发言。

只有王明在会上丝毫不做自我批评。王明在 9 月 12 日的发言中，对毛泽东的批评进行反击。他不但不做自我批评，反而坚持说：“四中全会的政治路线也是正确的。”并说他早在苏联的时候就反对博古的错误，博古是“苏维埃后期最主要的错误负责者”，把自己的责任完全推到博古身上。

王明还抓住别人在发言中说改正了错误思想就感到“轻松愉快”这句话做文章，批评人家这种态度“是不能改正错误的”，是“还没有认识错误”。

①《任弼时年谱》，中央文献出版社 2014 年版，第 407—408 页。

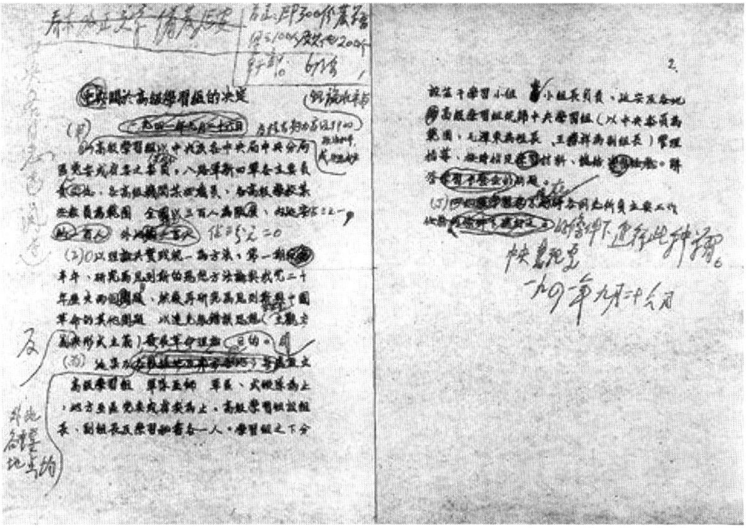

1941 年 9 月 26 日，中共中央书记处决定成立高级干部学习组。图为毛泽东修改的关于建立高级学习组的决定

王明的态度引起了与会者的批评。随着讨论的深入，逐渐澄清了以下事实：第一，土地革命后期的“左”倾错误，从六届四中全会就开始了；第二，以博古为首的临时中央的组成，王明负有重要责任；第三，王明到苏联的后期，虽然在一些具体政策问题上和五中全会以后的中央有不同的看法，但在形势分析和政治路线上是完全相同的，并且一直给予了很大支持；第四，抗日战争期间，王明在负责长江局工作中，也有许多严重的错误。

9 月 26 日，中共中央又作出了《关于高级学习组的决定》，要求在延安和其他根据地都成立高级学习组，学习和研究马克思主义的思想方法、党的历史和中国革命的基本问题。这样，高级干部的整风运动又在更大范围展开。

中共中央 9 月至 10 月召开的政治局会议等于在党的领导层中宣判了王明“左”右倾错误的死刑，但王明本人仍不承认自己的错误。为了帮助王明转变态度，认识错误，毛泽东、王稼祥、任弼时一起多次找王明交谈，但毫无效果。

10 月初，毛泽东和王明进行了几次谈话。王明谈了统一战线中的独立性、《论持久战》、对武汉时期形势的估计、长江局与中央的关系等问题，继续坚持自己的错误意见。毛泽东明确指出他在武汉工作时期，在下列问题上有错误：

第一，对形势估计问题——主要表现乐观；第二，国共关系问题——忽视在统一战线下的独立性与斗争性；第三，军事战略问题——助长了反对洛川会议的独立自主的山地游击战的方针；第四，组织问题——长江局与中央关系是极不正常的，常用个人名义致电中央与前总，有些是带指示性的电报。不得中央同意，用中央名义发表了许多文件，这些都是极不对的[①]。

10 月 7 日晚，毛泽东、王稼祥、任弼时又与王明进行了一次谈话。日前，毛泽东把季米特洛夫给中共中央的一封电报交给王明看，征求他对如何复电的意见。季米特洛夫的来电问：中国共产党准备采取什么措施，在法西斯德国继续进攻苏联的情况下，能在中日战场上积极从军事上打击日本，从而使日本不可能开辟第二战场打击苏联？王明提出：当现在苏联与中国异常困难的时期，我们需要与大资产阶级弄好关系。而《陕甘宁边区施政纲领》和《新民主主义论》只要民族资产阶级，这不好，要与大资产阶级蒋介石关系弄好。并提出：党的抗日方针是错误的，太“左”了。毛泽东等不同意王明的看法，认为恰恰相反，是王明的观点太右了，对大资产阶级让步太多了；而只是对大资产阶级让步，国共关系是弄不好的。

---

① 中央档案馆党史资料研究室：《延安整风中的王明——兼驳王明的〈中共五十年〉》，《党史通讯》1984 年第 7 期。

第二天，王明又在中共中央书记处在杨家岭召开的工作会议上，把 7 日晚的谈话做了一些修改，在会上做了发言，谈武汉时期的工作和对目前时局及中央的方针政策的看法。他说：《新民主主义论》中，只说工农小资产阶级与民族资产阶级联合的政权，只说要联合中产阶级，没有说要联合大资产阶级；在谈经济政策时，说不要大地主大资产阶级，这是不对的。今天的政权要有大地主大资产阶级参加，新民主主义只是我们的奋斗目标，今天主要是共同打日本。今后阶级斗争需要采用新的方式，使党不站在斗争的前线，而使广大群众出面，党居于仲裁地位（毛泽东插话：皖南事变后这半年多，国内是最和平的时期，这一是因为日本的政策，二因为我们的政策）。我认为一九三七年十二月会议与六届六中全会的路线是一致的，我的了解是不能说一切经过统一战线便是一切经过蒋介石。

王明的这些意见受到与会同志的一致反对。因为他提出中央犯了“左”的错误这样重大的问题，所以会议结束时毛泽东提出：“王明同志在武汉时期有许多错误，我们等待了他许久，最近我和王明谈过几次，但还没有谈通。昨晚，我与稼祥、弼时同他谈话，他提出许多原则问题。他认为我们过去的方针是错误的，认为我们太‘左’了。恰好相反，我们认为他的观点太右了，对大资产阶级让步太多了，只是让步是弄不好的。准备在政治局会议上讨论他提出的政治问题，他提议检查中央的政治路线。关于苏维埃后期的错误问题，停止讨论。希望王明对六中全会以前至武汉时期的错误和对目前政治问题的意见，在政治局会议上说明。王明在武汉时期政治上组织上都有原则的错误，但不是路线的错误。”①

鉴于这种情况，会议期间，中共中央书记处又召开几天工作会议，进一步对王明的错误进行批评。10 月 13 日的中央书记处会议上，任弼时向会议报告，王明因病不能出席政治局会议。王

①《毛泽东年谱（1893—1949）修订本》（中册），中央文献出版社 2013 年版，第 331 页。

明提出以下意见：一是关于他在武汉时期的工作，同意毛泽东十月八日作的结论。二是关于他对目前时局的意见，请政治局同志到他住处去谈，以后由政治局进行讨论，他病好后再看记录。

毛泽东在会上说：王明生病，关于武汉时期的工作只好停止讨论。关于王明在武汉时期工作中的错误，就以十月八日书记处工作会议的意见作为定论。对他说明，他在武汉时期的工作，路线是对的，但个别问题上的错误是有的，我们就是这些意见。如他还有什么意见，等他病好后随时都可以谈。以上意见委托弼时同志向他说明。

接着毛泽东根据大家发言的意见，归纳了几点看法，作为准备提交六届七中全会，再提交七次大会的一个结论草案。其要点是：第一，说明这一时期"左"倾机会主义错误比立三路线，形态更完备，时期更长久，结果更悲惨。第二，这一错误的时期问题，从一九三二年开始，到一九三四年五中全会时便发展到最高峰。第三，我党二十年来的历史问题。五四运动到大革命时期，是唯物辩证法运用比较好的时期，是我党生动活泼时期。一九二七年下半年，是陈独秀右倾机会主义统治时期，其思想是机械唯物论的。立三路线与苏维埃后期是"左"倾机会主义时期，是主观主义与形式主义。四中全会虽在形式上克服了立三路线，但在实际政策上没有执行正确的转变。遵义会议后，又恢复了按辩证法行事，即按实际办事。从抗战四年来，我党的自觉性比五四时期更提高了，更加生动活泼，更能灵活地运用辩证法。第四，这次讨论，要从检讨过去错误中得到经验教训，使全党了解失败为成功之母。要采用治病救人的办法。现在我们党最缺乏的是对于中国实际的调查和研究，今后我们要使马克思主义的普遍真理与中国革命的具体实践统一起来。第五，要进行加强对学习组的领导、对过去被冤屈打击的干部重新作结论等实际工作。这个结论草案没有形成正式决议，它的许多重要内容和思想观点后来被吸收在中共六届七中全会通过的《关于若干历史问题的决议》中。

中共中央政治局扩大会议决定在全党发动思想革命，反对主观主义和宗派主义。为此决定：自9月16日起《解放日报》扩大为四版，增加反对主观主义和宗派主义的宣传教育内容。

三、会议的意义

1941年的九月政治局扩大会议，尽管王明坚持不承认自己所犯的错误，但是会上通过其他同志对主观主义和宗派主义的深刻检讨，初步统一了中央领导层的思想，实际上成为一次中共中央一级干部的整风会议。会议期间，中共中央成立了以毛泽东为组长、王稼祥为副组长的中央学习研究组，组织在延安的高级干部学习马克思列宁主义理论。同时决定成立各地高级学习组，学习的内容主要是阅读六大以来党的历史文件。中共中央书记处为此还编印了《马恩列斯思想方法论》和《六大以来》等学习文件。这样，就为开展全党普遍整风运动做了组织和思想上的准备。这次会议结束后不久，轰轰烈烈的整风运动就从1942年春开始了。

中共中央西北局高级干部会议

（1942年10月19日至1943年1月14日）

1942年秋，在边区整风运动取得初步成就的基础上，为彻底清算王明"左"倾路线的影响，把陕甘宁边区的党建设得更好，中共中央西北中央局召开了高级干部会议（又称陕甘宁边区高级干部会议）。会议从1942年10月19日开幕至1943年1月14日闭幕，历时88天。西北局所属地方县级以上、部队团级以上干部266人出席会议。在延安的中共中央高级学习组成员和到延安来出席中共第七次全国代表大会因会议延期召开而进入中共中央党校学习的209名领导干部也到会旁听。中共中央党政军主要负责人毛泽东、朱德、任弼时、刘少奇、陈云、彭真、叶剑英、贺龙、吴玉章、徐特立不但参加了会议，而且还在会议上发表了讲话。中共中央政治局委员、秘书长任弼时代表中共中央驻会指导会议的召开。会议确定生产和教育是边区建设的两大任务，而以生产为第一。一个区域性的会议，规格之高和时间之长，在中共历史上是空前的。会议要解决的问题在当时不仅是西北局所辖区域内独存的问题，而是有普遍性的。因此，毛泽东对西北高干会期许甚高，称其为“整风学习的考试”[①]。

一、西北高干会前西北局所辖区域亟待解决的主要问题

西北高干会前，西北局所辖区域存在着西北党史遗留问题、西北局一元化领导、陕甘宁边区经济建设三个长期影响中共党内团结统一和根据地稳固发展的亟待解决的重要问题。

西北党史问题集中到一点即围绕西北苏区的“肃反”问题发生的相关争论。“一九三五年秋，在陕北革命根据地（包括陕甘边和陕北），‘左’倾机会主义路线被贯彻到政治、军事、组织各方面工作中去，使执行正确路线的、创造了陕北红军和革命根据地的刘志丹等遭到排斥。接着在肃清反革命的工作中，一大批执行正确路线的干部又被逮捕，从而造成陕北革命根据地的严重危机。同年十月，中共中央经过长征到达陕北后，纠正了这个‘左’倾错误，将刘志丹等从监狱中释放出来，因而挽救了陕北革命根据地的危险局面。”[②]虽然中共中央一抵达西北根据地就立即制止了“肃反”的恶性蔓延，并释放了刘志丹等肃反受难幸存者，但是这个问题的后续解决却比较曲折，一直存在较大分歧和争论。1935 年 11 月 26 日，中共中央作出《西北中央局审查肃反工作的决定》，对“肃反”问题进行总结处理。该决定在政治上对“肃反”持肯定态度，认为“过去陕甘晋省委领导反右倾取消主义斗

① 中共中央文献研究室编：《毛泽东年谱（1893—1949）》（中卷）（修订本），中央文献出版社 2013 年版，第 407 页。

②《毛泽东选集》，人民出版社 1991 年版，第 1000—1001 页。

争与坚决肃清反革命右派的斗争，一般的是必要的、正确的”[①]。11月30日，中共中央又通过《中共西北中央局党务委员会关于戴季英、聂洪钧二同志在陕甘区域肃反工作中所犯错误的决议》，对“肃反”在组织上做裁决。这个决议也是在肯定“肃反”总体正确而且必要的前提下，虽然进一步处理了对“肃反”负有重要直接责任的聂洪钧、戴季英，但对“肃反”受害者也作了批评：“过去在陕甘边区南区及红二十六军部队中，有些负领导责任的同志，犯了右倾取消主义及对反革命派采取自由主义的态度的错误，以致反革命派得以进行有计划的活动。当时在地方党内及红色部队中进行严厉的肃反是必要的”[②]。显然这个决议将刘志丹、高岗、习仲勋等“肃反”受难幸存者都归于“犯了右倾取消主义及对反革命派采取自由主义的态度的错误”之列。中共中央作出“肃反”上述结论使“肃反”受难幸存者长期承受政治压制和组织排挤。参与处理“肃反”的李维汉在后来的回忆中也承认：“由于‘左’倾路线没有清算，陕甘边苏区的地方干部和军队干部仍然戴着右倾机会主义的帽子，所以对他们的工作分配，特别是对一些高级干部的工作分配，一般是不公正的。”[③]由于上述历史和认识局限，中共中央对“肃反”政治定性及组织处理存在严重不足，诱发了一系列争论，严重影响了中共西北的稳定和团结。

西北高干会前，中共中央西北局对其辖区军政一元化领导也存在问题。中共中央长征抵达陕北后，高岗逐渐受到中共中央和毛泽东的关注，被当作西北革命的主要代表人物而加以培养和重用，逐渐成为中共领导陕甘宁边区的主要负责人。在西北高干会召开前很长一段时间内，高岗在党政军中存在一些资望、地位和权力较高的反对者。长期担任陕甘宁边区留守兵团司令的肖劲光

①《西北中央局审查肃反工作的决定》（1935年11月26日），中共中央书记处编：《六大以来——秘密文件》（下），人民出版社1981年版，第372页。

②《中共西北中央局党务委员会关于戴季英、聂洪钧二同志在陕甘区域肃反工作中所犯错误的决议》（1935年11月30日），吴殿尧、宋霖：《朱理治传》，中共党史出版社2007年版（2017年第2次印刷），第138页。

③李维汉：《回忆与研究》（上册），中共党史出版社2013年版，第286页。

与高岗矛盾就比较突出。肖劲光回忆：“成立留守兵团时，保安司令部隶属于留守兵团。因而，在一个时期里，我把对高岗的关系仅处理成一般的隶属关系。有一次飞机场正在修理，有飞机要降落，我让高岗去督促快些把机场修好，结果任务没完成，我还对他发了火。以后，高岗成了西北局的领导。我当时认为，留守兵团属于中央军委直接的领导。与西北局没有直接隶属关系，所以也没有经常向西北局报告工作。”[①]1941 年 4 月，中共陕西省委领导人汪锋向毛泽东汇报工作时，毛泽东当面对汪锋和高岗指出：把陕西省委、边区党委，以及在甘肃、宁夏边缘做白区工作的几个工委统一起来划归西北局。汪锋返回陕西省委驻地马栏向省委其他领导做传达时，参加会议的陕西省委书记欧阳钦，常委张德生、赵伯平，秘书长张中等认为高岗没有白区工作的经验，对白区工作不熟悉，向中共中央发电报，建议陕西省委仍归中共中央领导，并在电报中强调：“高岗同志对于大后方国民党区域工作似颇隔膜，因此我们认为西北中央局现有领导成分有增强必要”。[②]在这样的情况下，以高岗为首的西北局要实现对辖区党政军工作的有效领导比较困难。

西北高干会前，陕甘宁边区经济建设问题也困难重重。由于陕甘宁边区的自然条件较差，严重地制约着生产，特别是约束着农业生产的发展。边区农业常常处于“三年一小旱，五年一大旱”的“靠天吃饭”的局面，平均每亩只收一斗多（一斗三十斤），严重灾年颗粒不收。“国内和平未实现前，由于军阀蹂躏，土匪猖獗，人畜死亡率很高，致使逃荒逃难者层出不穷。”[③]1939 年 12 月至 1940 年 3 月，国民党发动了第一次反共高潮。1940 年 9 月，又停发了每月 60 万元的八路军军饷。1941 年 1 月皖南事变后，国民党反动派发动了第二次反共高潮。胡宗南、马鸿逵等部 20 多万军队，加紧包围封锁陕甘宁边区，在经济上切断边区同外界

① 萧劲光：《萧劲光回忆录》，解放军出版社 1987 年版，第 317 页。

②《汪锋传》编写委员会：《汪锋传》，中共党史出版社 2011 年版，208—210 页。

③ 黄静波：《抗日战争时期陕甘宁边区的财政建设》，西北五省区编纂领导小组编：《陕甘宁边区抗日民主根据地》（回忆录卷），中共党史资料出版社 1990 年版，第 245—246 页。

的一切联系。“边区的农副产品不准向外输送，国民党区的物资商品特别是布匹、棉花、纸张、药品、电信器材、粮食等生活日用必需品一律禁止流入边区。违者以‘走私’论罪，东西没收，货主法办，企图用经济封锁窒息陕甘宁边区。”[①]在这种情况下，陕甘宁边区辖区群众承受的负担也日趋沉重。李维汉回忆：“1937年征收公粮一万四千石（一石为三百斤），占边区粮食总产量的百分之一点二八，每人平均负担仅一升，是很轻的。以后逐年增加，1938年一万五千石，1939年六万石，1940年十万石，1941年激增至二十万石。这个二十万石说明了什么问题呢？第一，它说明公粮已占总产量的百分之十三点八，比1937年只占百分之一点二八，增加了十多倍。第二，它说明每人平均负担已达一斗四升，比1937年只负担一升，也增加了十多倍。”[②]正如毛泽东1942年著文所指出：“最大的一次困难是在一九四〇年和一九四一年，国民党的两次反共摩擦，都在这一时期。我们曾经弄到几乎没有衣穿，没有油吃，没有纸，没有菜，战士没有鞋袜，工作人员在冬天没有被盖。国民党用停发经费和经济封锁来对待我们，企图把我们困死，我们的困难真是大极了。”[③]陕甘宁边区政府征粮过重，诱发群众公开表达不满，批评对象甚至直指中共最高领导人毛泽东。1941年6月初，陕甘宁边区政府召开直属县市长联席会议时，因下雨打雷有参会人员触电身亡，有群众公开说：“雷公为什么不打死毛泽东？”[④]应该说，此时中共党政同边区群众间的矛盾已经比较严重了，到了必须加以解决的关键时刻。

解决西北党史遗留问题，实现西北局一元化领导，推动陕甘宁边区经济建设三个问题，不仅是中共中央所在地陕甘宁边区需要迫切解决的问题，更是关系着毛泽东发动的延安整风运动能否

① 黄静波：《抗日战争时期陕甘宁边区的财政建设》，西北五省区编纂领导小组编：《陕甘宁边区抗日民主根据地》（回忆录卷），中共党史资料出版社1990年版，第251页。

② 李维汉：《回忆与研究》（下册），中共党史出版社2013年版，第385页。

③ 毛泽东：《抗日时期的经济问题和财政问题》（1942年12月），《毛泽东选集》（第三卷），人民出版社1991年版，第892页。

④ 毛泽东：《在中国共产党第七次全国代表大会上的结论》（1945年5月31日），《毛泽东文集》（第三卷），人民出版社1996年版，第403页。

毛泽东在陕北

继续深入，直接影响到中共自身的巩固、壮大和进一步发展，为此，1942 年 8 月 22 日，毛泽东在出席中共中央政治局召开讨论加强陕甘宁边区工作和召开西北局高干会问题时特别指出：准备十月中旬召开西北局高干会，进行整党、整财、整政、整军、整党政军民关系，以实现整顿三风、精兵简政两个目标[①]。

① 中共中央文献研究室编：《任弼时年谱（1904—1950）》，中央文献出版社 2014 年版，第 434 页。

二、西北高干会是“整风学习的考试”

西北高干会召开期间，中共中央和毛泽东通过听取会议发言、参与会议讨论、发表重要演讲、撰写重要文章，积极参与解决陕甘宁边区亟待解决的影响边区巩固和发展的西北党史遗留问题、西北局一元化领导和陕甘宁边区经济建设。“会议解决了边区党的历史教训问题、统一领导问题和当前任务问题。”①

西北高干会期间，西北党史问题成为会议聚焦的重要问题。1942年10月19日，在西北高干会开幕时，毛泽东发言强调：“新党员没有受过马列主义的教育，有的只是民族斗争中的教育，老党员中的一些人是从遵义会议以后才纠正了过去的许多缺点，但许多人又增长了新的缺点自由主义、教条主义等。对于‘党棍’要坚决清除。没有斗争便不能有进步。有人说我们所进行的党内斗争是不符合中国的习惯的，但我们说我们必须拿起批评与自我批评的武器，使党员更提高更进步。现在这个会开得非常好，这就是在行动上、工作上的整顿三风，是整风学习的考试。”②

毛泽东的发言对会议解放思想、畅所欲言起了启发作用，为重新解决西北党史问题提供了理论基础。会议期间，毛泽东对西北历史问题非常关注。毛泽东不但亲自参加大会讨论，听取关于边区历史问题的发言③，而且就相关问题“十几次提出质询。”④11月17日、18日，中共西北中央局书记高岗在西北高干会上作《边区党的历史问题检讨》的报告。高岗这个报告分六部分，分别是：“（一）陕西党的建立到大革命时代。（二）国共分家到九一八事变。（三）反帝同盟军成立到肃反事件以前。（四）肃反事件。

---

① 中共中央文献研究室编：《毛泽东年谱（1893—1949）》（中卷）（修订本），中央文献出版社2013年版，第408页。

② 中共中央文献研究室编：《毛泽东年谱（1893—1949）》（中卷）（修订本），中央文献出版社2013年版，第407页。

③ 中共中央文献研究室编：《毛泽东年谱（1893—1949）》（中卷）（修订本），中央文献出版社2013年版，第411页。

④ 吴殿尧、宋霖：《朱理治传》，中共党史出版社2007年版（2017年第2次印刷），第406页。

（五）肃反事件以后。（六）结论。”[①]《边区党的历史问题检讨》代表中央对边区历史问题做出了正式结论。11 月 21 日、23 日，毛泽东在会上作《党的布尔什维克化十二条》的长篇报告。这个报告长达五万余字，毛泽东分两天在高干会上讲解。毛泽东在讲解斯大林关于党如何布尔什维克化时，结合中国革命现实问题，尤其是西北根据地历史问题，做了广泛的联系和有针对性的强调。毛泽东高度肯定高干会对西北党史的讨论，对陕北肃反领导人和主要参与者进行了严厉的批判并对他们的问题进行了定性，同时肯定了刘志丹、高岗等在陕甘革命历程中的历史贡献。毛泽东在讲话中强调全党和西北根据地的路线斗争“是相同性质的”，区别主要在于一个是“全党的”，一个是“西北的”而已。12 月 12 日中共中央对西北苏区“肃反”问题重新定性的《中共中央关于一九三五年陕北（包括陕甘边及陕北）“肃反”问题重新审查的决定》，肯定了以刘志丹为代表的正确路线和西北苏区的重大作用，对历史上的是非问题进行了辨析。

西北局高干会议对加强西北局一元化领导问题也进行了集中讨论。1942 年 10 月 19 日，在西北高干会开幕时，毛泽东发表演说强调：“这次开会我们是要大检查、大整顿。我们这次提出的‘七整’——整政、整军、整民、整党、整财政、整经济、整关系，就是本着这种精神来做的。通过‘七整’，要达到精简、效能、统一、节约、反官僚主义五项目的。其中尤其达到统一是最重要的，一定要作到统一领导。”[②]西北高干会期间，贺龙作《关于整军问题》的报告强调：“根据党中央‘九一’决定的党的领导一元化思想，要求边区军队统一在党的西北中央局领导下，以及所有建制部队在陕甘宁晋绥联防军司令部统一领导下，统一思想、统一政策、统一指挥、统一作风，整理编制，所以也需要整军。”[③]

① 高岗：《边区党的历史问题检讨》（1942 年 11 月 17 日、18 日）。

② 中共中央文献研究室编：《毛泽东年谱（1893—1949）》（中卷）（修订本），中央文献出版社 2013 年版，第 408 页。

③ 贺龙：《关于整军问题》（1942 年 11 月 4 日）// 总参谋部《贺龙传》编写组编：《贺龙文选》，军事科学出版社 1996 年版，第 219—220 页。

为了加强党的一元化领导，贺龙在报告中提出："执行党的'九一'决定，为部队重行（似应为'重新'——引者注）划分防区。各旅担负一定防区，与党政配合，组成分区司令部，分区政委由地委书记兼任。军队中，军政委员会及政治部成为同级党委的一个部，但仍保持其上下级直接领导和隶属关系。军事政策（如扩兵及建军原则、政治工作）与军事行动、大政方针（如军队工作计划及总结等），须交党委会讨论，但具体军事行动，由司令员、政委决定。这样统一在地委领导下，参加根据地建设，及担负军事防务，执行上级决定。"[①]贺龙讲话的这些内容进一步强化了落实西北局一元化领导的组织性。贺龙在西北高干会上作《关于整军问题》的报告前将此报告内容提交毛泽东审阅和修改过。10月25日，毛泽东修改贺龙整军报告提纲并写批语，并特别加写了一段话："凡此所讲，我们相信是一定能够在全军执行的。因为我们八路军有很好的品质，我们是全国最好的军队，我们是共产党领导的军队，是与人民结合一起的军队，是有光荣历史传统的军队。我们相信，我们一定能够发扬我们的光荣传统，克服自己的弱点，完成整军的任务。"毛泽东还批示："此件很好。讲前即印发到会者，讲后还要印发全军干部，到营级止，当作干部教育材料。但不对外发表，要注意保存。讲时，可考虑要李鼎铭等人来听。"[②]由这份讲话稿产生背景可推测，《关于整军问题》的主要观点代表和反映了毛泽东和中共中央对加强西北局对陕甘宁边区驻军一元化领导的思想和要求。

西北局高干会议期间，经济问题更是会议关注和要着力解决的问题。毛泽东对会议讨论的经济建设问题十分关心。10月28日，毛泽东在复电周恩来时特别提及："边区正开高干会议，实行整党、整军、整政、整财、整民、整学、整关系，大整顿，大检查，可缩减万余人，经济问题有办法，困难可克服。敌后亦大施精简，

---

① 贺龙：《关于整军问题》（1942年11月4日）//总参谋部《贺龙传》编写组编：《贺龙文选》，军事科学出版社1996年版，第225页。

② 中共中央文献研究室编：《毛泽东年谱（1893—1949）》（中卷）（修订本），中央文献出版社2013年版，第409页。

统一领导，亦可克服困难。”[①]12 月 8 日，毛泽东为写将在高干会上所作报告《经济问题与财政问题》收集材料一事，致信陕甘宁边区政府财政厅厅长南汉宸：“现我还急需贸易、金融、工业三部分，并须在三天至多四天要，请你日夜赶办，于本星期五交我。金融过去原不归你经手，但现已归你；工业你也管了一部分，由你将你管的、建厅管的、军队管的综合起来写成一件，最为适当。”[②]12 月 13 日，毛泽东再次致信南汉宸：“拟再请你对粮食、税收、贸易、金融、财政、供给等项干部在自己工作中应注意之点（应兴应革），每项写一千至一千五百字左右给我，以插入报告中教育干部，对于你今后的工作有大助益。此次高干会主要需要教育材料。在三至四天内送我即可。”“如何使他们不扰民、不贪污、不浪费而又能完成任务。每个问题分列若干条应注意之事项。”[③]12 月 20 日，毛泽东第三次致信南汉宸：“请你写的东西不知着手否？我要的是关于粮草、税收、金融、贸易四部分，每样要说政策，说工作，是向广大的干部说话，使他们看了懂得政策的方向，懂得工作的方法。在说政策说工作时要批评错误意见，批评工作缺点，使他们有所警惕。每样要有点历史，有点分析，又有一九四三年应如何做法。请你从今天至星期四四天内下一番苦功赶一下，于星期五日交我就好了，或在星期二三先将粮草一件交我，余在星期四五交我。金融、贸易二件请找银行与贸易局的人研究一下，粮、税你是熟的。你前交报告很好，只是向少数人说的，不是向广大干部说的，故须重写。”“你写的被服部分我已采入工业问题里去了。”[④]从毛泽东给南汉宸的信中不难看出其对陕甘宁边区经济问题了解之详细和心情之急迫。《经

① 中共中央文献研究室编：《毛泽东年谱（1893—1949）》（中卷）（修订本），中央文献出版社 2013 年版，第 410 页。

② 中共中央文献研究室编：《毛泽东年谱（1893—1949）》（中卷）（修订本），中央文献出版社 2013 年版，第 417 页。

③ 中共中央文献研究室编：《毛泽东年谱（1893—1949）》（中卷）（修订本），中央文献出版社 2013 年版，第 417 页。

④ 中共中央文献研究室编：《毛泽东年谱（1893—1949）》（中卷）（修订本），中央文献出版社 2013 年版，第 418 页。

济问题与财政问题》书面报告由贺龙于 12 月 21 日和 29 日向西北高干会作了传达。[1]毛泽东在《经济问题与财政问题》中既强调了发展生产的重要性，又指出了发展生产巩固边区经济的具体措施和办法。

毛泽东和中共中央在西北高干会期间扮演了核心角色，发挥了主导作用。毛泽东对西北历史问题的发言和专题报告推动了会议对西北历史问题已有结论的重新定性。毛泽东和中共中央对西北局一元化领导问题的重视，加强了西北局对边区政府、驻军等的一元化领导。毛泽东对陕甘宁边区经济的调查和对材料的研究对发展边区经济统一思想打下了坚实基础。不但如此，高干会后，毛泽东和中共中央还积极贯彻落实会议期间形成的文件、决议。

三、西北高干会在中共党史上的重要影响

西北高干会后，毛泽东和中共中央对高干会关于西北历史问题的相关结论进行了维护和提升，继续贯彻高干会关于加强西北局对边区党政军一元化领导，还为落实会议关于发展边区经济的若干结论做了大量工作。

西北高干会后，中共中央对高干会关于西北历史问题相关结论进行了维护和提升。在中共中央对全党历史作总结时，西北高干会对西北苏区的“肃反”的定性结论被载入中共中央七届一中全会正式通过的《关于若干历史问题的决议》。1945 年 4 月 20 日，《关于若干历史问题的决议》在中国共产党第六届中央委员会扩大的第七次会议上原则通过。此后中共中央又多次对原稿进行修订，直到 1945 年 8 月 9 日，中共中央七届一中全会第二次会议上才经过表决，全体一致通过。同年 8 月 12 日，《关于若干历史问题的决议》正式被印成了中共党内文件。这份中共七届一中全会上被最终确定的决议在论述陕北肃反时写道：中共中央经过

① 中共中央文献研究室编：《毛泽东年谱（1893—1949）》（中卷）（修订本），中央文献出版社 2013 年版，第 420 页。

长征抵达西北根据地“挽救了‘左’倾路线造成的陕北革命根据地的危机”。[①]决议内容因是概要回顾中共党史，所以对陕北“肃反”着墨不多，仅用上述数语介绍，但是对肃反性质和造成危害的定性则是非常明确的。《关于若干历史问题的决议》既对中共土地革命的历史作了总结，也是中共中央对陕北“肃反”的权威裁定。新中国成立后，毛泽东提议将《关于若干历史问题的决议》“作为附录编入《毛选》”。[②]《关于若干历史问题的决议》在收入新编《毛泽东选集》时对陕北“肃反”又加了如下注释：“1935 年秋，犯‘左’倾错误的朱理治同志以中央代表的名义到达陕北革命根据地（包括陕甘边和陕北），同原在那里的犯‘左’倾错误路线的郭洪涛同志结合，将‘左’倾机会主义路线贯彻到政治、军事、组织各方面工作中去，并排斥执行正确路线的、创造了陕北革命根据地的刘志丹、高岗等同志。接着又在肃清反革命的工作中，极端错误地逮捕了一大批执行正确路线的干部，造成陕北革命根据地的严重危机。十一月，党中央经过长征到达陕北后，纠正了这个‘左’倾错误，将刘志丹、高岗等同志从监狱中释放出来，因而挽救了陕北革命根据地的危险局面。”[③]此注释，不仅是对《关于若干历史问题的决议》关于陕北“肃反”内容的补充和说明，也是对该决议结论的进一步权威化。

西北高干会后，中共中央和毛泽东继续落实高干会关于加强西北局对陕甘宁边区党政军的统一领导工作。肖劲光评价：“它使我们每一个参加会议的干部都受到了教育，也确实解决了留守兵团存在的一些思想、作风不纯的问题，对留守兵团的建设起了促进作用。一九四三年春节，留守兵团首创拥政爱民活动，地方政府也开展热烈的拥军活动，这一活动，一直延续到今天，成为

①《毛泽东选集》（第 3 卷），人民出版社 1953 年版，第 971 页。以后各版《毛泽东选集》（第 3 卷），由于种种原因，朱理治、郭洪涛、高岗的名字也被隐去，所以 1953 年版是最能代表历史原貌的版本之一，本文采用此版本。

② 胡乔木：《胡乔木回忆毛泽东》，人民出纳版社 1994 年版，第 328 页。

③《毛泽东选集》（第 3 卷），人民出版社 1953 年版，第 1000 页。

革命的传统。”[①]1943 年 12 月 10 日，毛泽东为中共中央书记处起草致各中央局、中央分局及各军政治部电报提出：“应规定明年旧历正月全月为拥政爱民月及拥军月，以便各地各部在这一月内选择一周或两周举行这个运动。”[②]此后，毛泽东长期关注留守兵团的发展。1944 年，“毛泽东同志亲自主持总结留守兵团的政治工作经验，写成《关于军队政治工作问题》这一重要历史文件。”[③]同年 4 月 11 日，中共中央军委总政治部副主任、陕甘宁晋绥联防军副政委兼政治部主任谭政在西北局高级干部会议上作《关于军队政治工作问题》发言强调：“从一九四二年冬季西北中央局召集的高干会及军政干部会到现在，已经一年多了。一九四三年的一年，是边区部队大进步的一年。一年的时间，我们在边区部队内解决了一个重大原则性的问题——军阀主义偏向与教条主义偏向的问题，确立了一个以西北局为首的，包括边区党政军民在内的思想上政治上组织上完全一致的一元化的领导系统，并且发扬了联系群众与实事求是的领导作风。”“一年工作的结果，在军党关系上，军政关系上，军民关系上，官兵关系上，干部上下级关系上，军事工作与政治工作关系上及各部分军队间的友好关系上，都有显著的进步，这些都是军阀主义偏向与教条主义偏向曾经借以表现它的地方。在军党关系上（所谓军党关系，即是说我们的军队，必须完全地绝对地无条件地放在共产党及其领导机关的政治指导之下，不能闹独立性），我们不但建立了在边区范围内以西北局为中心，在各分区范围内以地委为中心，同时又保持各自的上下级关系的统一领导，而且更重要的，是在政策思想上，行动步骤上，也趋于一致了。”[④]至此，以加强西北局一元化领导而使毛泽东和中共中央关注和重视的西北局与陕甘

① 萧劲光：《萧劲光回忆录》，解放军出版社 1987 年版，第 318—319 页。

② 中共中央文献研究室编：《毛泽东年谱（1893—1949）》（中卷）（修订本），中央文献出版社 2013 年版，第 484 页。

③ 萧劲光：《萧劲光回忆录》，解放军出版社 1987 年版，第 319 页。

④ 谭政：《关于军队整治工作问题》（1944 年 4 月 11 日）// 中央档案馆编：《中共中央文件选集》（第 14 册），中共中央党校出版社 1992 年版，第 195—196 页。

陕甘宁边区的大生产运动

宁边区驻军、陕甘宁边区政府的关系得到了较为彻底地解决。

西北局高干会后，中共中央和毛泽东为落实会议关于发展经济的决议做了大量工作。1943 年 2 月 9 日，毛泽东致电周恩来、林彪指出："今年决定大发展农、工、盐、畜生产，提出丰衣足食口号，如不遭旱大有办法，人民经济亦大有发展，可达到丰衣足食。边区高干会（党政军 300 余人）展开彻底的自我批评，对过去历史，当前任务（生产与教育），整顿三风，精兵简政，统一领导诸问题都获圆满解决，气象一新，各事均好办了。"[⑤]5 月 6 日，毛泽东主持中共中央书记处会议，委托高岗、贺龙拟定在

⑤ 中共中央文献研究室编：《毛泽东年谱（1893—1949）》（中卷）（修订本），中央文献出版社 2013 年版，第 426 页。

保安、太白镇之间地区制定开垦建设计划。[①]12 月 9 日，毛泽东参观陕甘宁边区第三届生产展览会后，在中共中央西北局办公厅邀请十七位劳动英雄座谈生产经验，包括移民、打盐、义仓、部队生产、变工扎工及合作社等问题，鼓励他们要将这些生产经验在群众中广泛宣传，使这些经验能指导全边区人民的合作生产。[②]1944 年 3 月 22 日，毛泽东在中共中央宣传委员会召开的宣传工作会议上讲话强调，陕甘宁边区直接任务就是两项："生产和教育。"[③]1944 年 8 月，毛泽东同陕甘宁边区劳动英雄吴满有交谈时提出："陕甘宁边区的农村要在几年里做到：每家余一年粮，拴一犋牛，扶育一百棵树，建一个厕所，淘一口井，每人还要识一千个字，而且每乡要有一个合作社，一个铁匠炉，一个民办小学，一个医务所，一个秧歌队……大家都要过丰衣足食、健康快乐的生活。"[④]在毛泽东长期而持久关注下，陕甘宁边区的经济问题得到了很大程度的改善，提高了群众的生活水平，也改善了中共党政军机关同边区群众关系。

西北高干会在毛泽东和中共中央亲自指导下，集中解决了西北党史遗留争论、西北局一元化领导、陕甘宁边区经济建设三个主要问题。这三个问题在当时不是西北局所辖地区所特有的现象，而是在中共全党范围都不同程度存在的。因此，西北高干会上对上述问题的顺利解决，为中共中央指导其他根据地建设提供了范例。西北高干会对西北党史问题的政治定性等主要结论，为后来中共中央多次解决该问题所不断重申和肯定，也为受到处理的原犯错误主要负责人所接受。会议揭发的"左"倾错误给西北根据地造成的严重危害，教育了与会人员。1944 年 4 月 12 日，毛泽东

① 中共中央文献研究室编：《毛泽东年谱（1893—1949）》（中卷）（修订本），中央文献出版社 2013 年版，第 438 页。

② 中共中央文献研究室编：《毛泽东年谱（1893—1949）》（中卷）（修订本），中央文献出版社 2013 年版，第 484 页。

③ 中共中央文献研究室编：《毛泽东年谱（1893—1949）》（中卷）（修订本），中央文献出版社 2013 年版，第 502 页。

④ 中共中央文献研究室编：《毛泽东年谱（1893—1949）》（中卷）（修订本），中央文献出版社 2013 年版，第 540 页。

发表《学习和时局》演讲时特别强调："中央认为应使干部对于党内历史问题在思想上完全弄清楚，同时对于历史上犯过错误的同志在作结论时应采取宽大的方针，以便一方面，彻底了解我党历史经验，避免重犯错误；又一方面，能够团结一切同志，共同工作。""这次处理历史问题，不应着重于一些个别同志的责任方面，而应着重于当时环境的分析，当时错误的内容，当时错误的社会根源、历史根源和思想根源，实行惩前毖后、治病救人的方针，借以达到既要弄清思想又要团结同志这样两个目的。对于人的处理问题采取慎重态度，既不含糊敷衍，又不损害同志，这是我们的党兴旺发达的标志之一。"① 毛泽东的这些观点应该就是对西北高干会处理西北历史问题结论局限的纠正，而且这些观点在中共六届七中全会通过的《关于若干历史问题的决议》中得到了贯彻和体现。

历时八十八天的西北局高干会议，以整风的精神澄清历史是非，检讨现实中存在的问题，取得了积极影响和重大成效，有力推动了西北局和陕甘宁边区的工作，对全党开展的整风运动产生了示范作用。

三月政治局会议

（1943 年 3 月 16 日至 20 日）

1943 年 3 月 16 日至 20 日，延安整风正在进行期间，为了适应国际反法西斯战争出现重大转机和党领导的敌后抗日战场出现恢复发展形势的需要，加强党的一元化领导，中共中央在延安召开"三月政治局会议"，对中共六届六中全会以后的中央领导机构进行了一次较大调整和精简。

①《毛泽东选集》（第 3 卷），人民出版社 1991 年版，第 937—938 页。

一、会议召开的背景

国际方面，反法西斯战场格局已经发生了根本的变化。以苏、美、英三大国为核心的世界反法西斯力量，经过巨大的牺牲和浴血奋战，终于把战争的主动权夺回到自己手里。在完成战略转折以后，盟国在苏德战场、北非和地中海战场、太平洋战场，都相继展开了局部反攻，德日法西斯被迫由战略进攻转入战略防御。

国内方面，到 1943 年，共产党领导的敌后抗日战场逐渐恢复发展。军事上，以灵活多变的人民游击战争和游击战术粉碎敌人的“扫荡”“清乡”，并提出“敌进我进”口号，向敌后之敌后发展。在政治上，1942 年春在中国共产党内开始了整风运动，进行了一次普遍的马克思列宁主义的教育运动，以批评与自我批评为主要方法，坚持“团结—批评—团结”的方针，通过反对主观主义、宗派主义和党八股以及党内高级干部研究和讨论历史问题，澄清了一些历史问题和思想问题，提高了全党的理论水平和思想觉悟，从而使各抗日根据地能够在坚强而团结的中国共产党的正确领导下坚持抗战并克服困难。经济上，为了解决粮食、油盐、被服、经费等方面的物质困难，毛泽东提出“自己动手，丰衣足食”的口号，开展大生产运动（参与生产者包括群众、军队、行政机关工作人员），实行精兵简政，发展生产，开源节流。大生产运动不仅在经济上改善了根据地军民的生活，战胜了严重的物质困难，为坚持敌后抗战并夺取最后胜利奠定了坚实的物质基础，同时增强了根据地军民的劳动观念，密切了党政军民之间的关系，进一步巩固了根据地。

二、会议过程

1943 年 3 月 16 日至 20 日，中共中央政治局会议在延安召开。参加会议的有毛泽东、刘少奇、任弼时、朱德、康生、凯丰、博

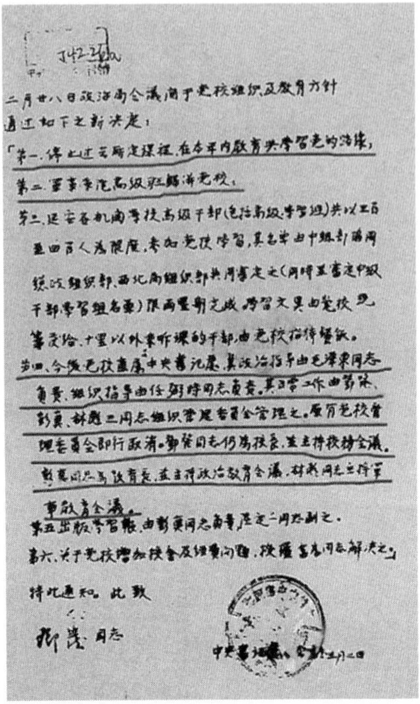
二月廿八日政治局会议关于党校组织及教育方针通过如下之新决定：
「第一、停止过去所定课程，在今年内教育与学习党的路线，
第二、军事学院高级班归并党校。
第三、延安各机关学校高级干部（包括高级学习组）共以三百至四百人为限度，参加党校学习，其名单由中组部、西北局组织部共同审定之（同时并审定中级干部学习组名单）限两星期完成。学习文具由党校负责供给，十里以外来听课的干部由党校招待饭食。
第四、今后党校直属中央书记处，其政治指导由毛泽东同志负责，组织指导由任弼时同志负责，其日常工作由彭真、林彪二同志组织管理委员会管理之。原有党校管理委员会即行取消。邓发同志仍为校长，并主持校务会议。彭真同志为教育长，并主持政治教育会议，林彪同志主持军事教育会议。
第五、出版学习报，由彭真同志负责，[illegible]二同志副之。
第六、关于党校增加校舍及经费问题，[illegible]同志解决之。」
特此通知。此致
邓发同志
中央书记处 [illegible]三月二日

1943年3月20日，中央政治局作出《中央机构调整及精简决定》。毛泽东亲自兼任中央党校校长，彭真任副校长

古、邓发、张闻天、杨尚昆、彭真、高岗、叶剑英共13人。

（一）毛泽东向大会作报告

3月16日，毛泽东向大会作关于时局与方针问题的报告。关于时局问题，他指出：德国是今年被打坍还是明年？首先要估计到第一种可能；第二种可能，即今年不能打坍，没有开辟第二条战线等，也要估计到。这两种可能性是哪一种，现在还不能完全确定。日本是扶汪打蒋的方针。国民党在日本进攻下，外援不至，要求内援，国共关系有好转可能。中国抗战有打七八年的可能。我们仍要坚持两年到两年半。关于方针问题指出：今年中央

工作总方针是要从研究与指导两方面来达到保存骨干、准备将来的目的。中央机关的任务是工作、生产和教育，去年以完成整风学习为第一位，今年要以工作为主，从五月一日起开始干部教育与国民教育，干部教育是第一。中央直属干部要进行思想教育，读马、恩、列、斯著作四十本。干部中各种教育主要是整风教育与思想教育，在各种干部中主要是高级干部教育。研究与指导，要研究国际、国内、历史、经济、文化等问题；中央同志要善于利用报纸指导工作，要有一半的时间用在报纸上。方针要增加一条，我们的领导要联系群众，方法是从群众中来，到群众中去，或者说集中起来，坚持下去。中央各部门的工作要实行彻底的转变，肃清一切脱离群众的作风。我去年与许多部门工作同志很少接触，今年要多接触，要多接触才能有知识。会议讨论了中央机构调整和精简方案，整风学习总结计划。会议决定：四月底结束整风学习，从五月起实行新的学习计划。陕甘宁边区要以工作为第一，整风不要停了工作，今后要在工作中进行整风[①]。

（二）通过《中共中央关于中央机构调整及精简的决定》

3 月 20 日，会议通过了《中共中央关于中央机构调整及精简的决定》，对中共中央领导机关的设置和工作职责作出以下两个主要方面的规定：

一是进一步明确了中央政治局与中央书记处的职责。会议规定，在两次中央全会之间，中央政治局担负着领导整个党的工作的责任，有权决定一切重大问题。凡属重大的思想、政治、军事、政策和组织问题，必须在政治局会议上讨论通过。中央书记处是根据政治局所决定的方针处理日常工作的办事机关，它在组织上服从政治局，但在政治局方针下有权处理和决定一切日常性质的问题。会议推选毛泽东为中央政治局主席、中央书记处主席。会

①《毛泽东文集》第 3 卷，人民出版社 1996 年版，第 9 页。

议还规定，在根据中央政治局方针处理日常工作时，“书记处会议所讨论的问题，主席有最后决定权”[①]。

二是根据中央精简政策和过去的经验，对中央机构进行重新调整，以达到更能增强领导效能的目的。为此，中央决定在中央政治局和书记处之下，设立宣传委员会和组织委员会，作为政治局和书记处的助理机关。

宣传委员会由毛泽东、王稼祥、博古、凯丰组成，毛泽东任书记，王稼祥任副书记，胡乔木任秘书。宣传委员会负责统一管理中央宣传部、解放日报社、新华社及所属延安新华广播电台、中央党校、文委、出版局的工作。同时决定毛泽东兼任中央党校校长、彭真任副校长。

组织委员会由刘少奇、王稼祥、陈云、张闻天、邓发、杨尚昆、任弼时组成，刘少奇任书记，杨尚昆兼任秘书。组织委员会负责统一管理中央组织部（包括中央党务委员会）、统战部、民运工作委员会、中央研究局、海外工作委员会。

为保证党的各项政策能与军事行动取得更加密切的配合，会议决定，刘少奇参加中共中央军委并任军委副主席。同时，为统一各地区工作的领导，还决定华中党、政、军、民工作统归刘少奇负责，陕甘宁和晋西北党、政、军、民工作统归任弼时负责，大后方工作由陈云负责，敌占区工作由杨尚昆负责。这些同志直接向中央书记处负责。会后不久，1943 年 4 月 5 日，中央书记处会议决定，为指导工作便利，驻重庆办事处工作由毛泽东直接管理，驻西安办事处工作由任弼时管理。

三、会议影响

1943 年“三月政治局会议”是中国共产党历史上一次极其重要的会议。这次会议从组织上彻底完成了自遵义会议以来对王

①《建党以来重要文献选编》第 20 册，中央文献出版社 2011 年版，第 173 页。

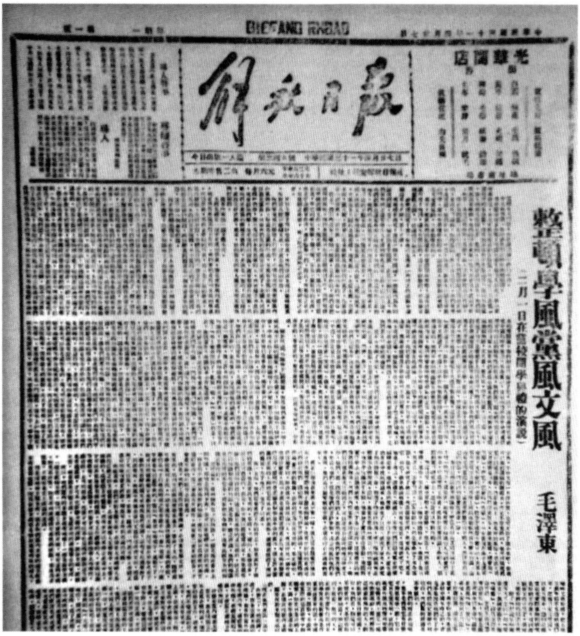
解放日報

整頓學風黨風文風

毛澤東

《解放日报》报道的毛泽东在中央党校作的
《整顿学风党风文风》的报告

明“左”倾错误的纠正和毛泽东在全党领导地位的确立。毛泽东正式担任了中央委员会主席、中央政治局主席和中央书记处主席，重新组成了毛泽东、刘少奇、任弼时三人书记处，对六届六中全会以后的中央书记处（毛泽东、张闻天、王明、康生、陈云）组成人员进行了大调整。这次会议的召开，调整和精简了中央机关，有效地加强了中央的集中统一领导，为制定《关于若干历史问题的决议》，召开党的七大，从思想上和组织上统一全党奠定了基础。

中央政治局三次整风会议

（1943 年 9 月 7 日至 10 月 6 日
1943 年 11 月 13 日至 27 日
1944 年 2 月下旬至 5 月中旬）

中共中央政治局三次整风会议是指在 1943 年 9 月 7 日至 10 月 6 日、1943 年 11 月 13 日至 27 日、1944 年 2 月下旬至 5 月中旬在延安整风运动期间，中央政治局召开的三次高级干部整风会议。会议主要目的是深入揭发批判王明“左”倾错误路线。

在中国共产党成立的 20 多年的历史中，经历过巨大的胜利和严重的挫折，出现过“左”和右的机会主义错误，其中危害最大的就是以王明为代表的教条主义的错误。遵义会议虽然纠正了博古、李德等人军事指挥上的“左”倾错误，但是，对于党的历史经验并没有进行系统的总结，特别是没有从思想路线的高度对党内历次错误思想的根源进行深刻总结，所以，在党的内部指导思想上还有一些分歧，党内主观主义、宗派主义的残余还严重存在。尤其是随着抗战进入相持阶段后，共产国际解散，国共关系重新紧张起来的非常时期，为了彻底清算王明的错误路线，中央政治局召开扩大会议，进一步深入批判王明土地革命时期的“左”倾路线及抗战初期的右倾路线错误，开展批评与自我批评，找出错误产生的根源及克服错误的方法，另外，在党的高级干部的带动下，全党学习文件，研究党史，总结经验，形成共识。中国共产党全党达到了思想和组织上的团结一致，为中共七大的胜利召开奠定了基础。

一、第一次中央政治局整风会议

1943年9月7日至10月6日，毛泽东主持召开中央政治局扩大会议。参加会议的人员有：毛泽东、刘少奇、任弼时、朱德、周恩来、陈云、康生、彭德怀、张闻天、博古、邓发，共11人。列席会议人员：李富春、杨尚昆、林伯渠、吴玉章、彭真、高岗、王若飞、李维汉、叶剑英、刘伯承、聂荣臻、贺龙、林彪、罗瑞卿、陆定一、孔原、陈伯达、肖向荣、胡乔木，共19人。由于王明没有到会，会议的方式除了与会同志作一般性的发言之外，主要采取由犯过错误的同志进行整风检查，并批判王明"左"倾错误路线，其他同志发言进行批评，帮助犯错误的同志深入揭发问题，提高思想认识。

9月7日到9日，会议连续开三天，主要由博古、林伯渠、叶剑英、朱德、陈伯达、康生发言，他们对抗战以来王明的错误路线展开了严肃的批评。博古还进一步做了自我批评，他同意毛泽东提出的抗战时期存在着两条路线，一条是毛泽东为首的党的正确路线；一条是王明在武汉时期的错误路线，这条路线，只看见国民党抗战的一面，忘记了它反动的一面；对八路军不敢大胆深入敌后，不敢大胆扩充；对根据地，不建立政权，一切要合国民党的法；对国民党不敢批评；对抗战，强调运动战，忽视游击战，对待持久战基本观点是不同意的。[①]林伯渠批评王明是"洋钦差"，硬搬外国经验来指导中国革命。叶剑英批评王明在处埋与国民党的关系上，是身在毛营心在蒋，不能不犯投降主义错误。朱德批评抗战以来王明路线的错误，他认为，在不要革命的领导权、不要武装力量、轻视无产阶级的力量、忽视游击战争和害怕统一战线的破裂。针对王明把错误都推给博古，毛泽东说：王明是十年内战时期"左"倾机会主义路线的理论创造者与支持者，

① 中共中央文献研究室编，金冲及主编：《毛泽东传（1893—1949）》，中央文献出版社2004年版，第683页。

博古是执行者与发挥者。[1]

9月13日，毛泽东发言，重点讲了“两个宗派”问题。在此之前，毛泽东曾提出党内存在两种宗派主义：一种是教条主义的宗派主义；另一种是经验主义的宗派主义。这次会议进一步对这两种宗派主义进行了深入批判。“教条主义是主观主义的第一个形态，经验主义是主观主义的第二个形态。反掉这两个具体东西，党才能够真正的统一。”他说：“教条主义派，其思想是主观主义，政治上是投降主义，组织上是宗派主义。”他着重强调，在两种宗派主义中，教条主义是主要的。“所以破坏整个宗派主义，首先应从破坏教条宗派开始。”[2]毛泽东的发言，对党的历史上的许多问题作了深刻的分析，提出教条主义和经验主义都是主观主义在党内的两种具体形态。不过，在六届七中全会上，毛泽东认为自遵义会议之后，经过各种变化，作为政治纲领和组织形态的这两个宗派已经不存在了。

由于彭德怀等前方负责人不久就可以回到延安，9月30日，毛泽东主持中共中央书记处会议，会议决定在彭德怀回到延安以前，暂停开中央会议，待彭到后再行续开，并采用续开续断的方式，准备在七大时再作总论；会议还决定从十月份起五个月内组织在延安的高级干部及七大代表二三百人，学习讨论党史文件和《联共（布）党史简明教程》，中央会议负责领导这一学习讨论。

10月6日，在政治局扩大会议上，毛泽东做了关于学习党的路线的发言。他充分肯定了这次会议取得的成绩，强调整风学习的目的就是要改造思想，以马列为武器，打碎宗派主义。接着，刘少奇、朱德、周恩来相继发言。刘少奇主要讲党内斗争的传统问题。朱德回顾亲身经历说：与毛泽东在一起时，打仗就能胜利，离开毛主席，有时打仗就要吃亏。跟毛主席在一起虽然也有争论，但最后还是顺从了毛主席的领导。在长征路上，张国焘屡次逼我

---

① 中共中央文献研究室编，逄先知主编：《毛泽东年谱（1893—1949）》（中卷），中共中央文献出版社1993年版，第781页。

② 中共中央文献研究室编，金冲及主编：《毛泽东传（1893—1949）》，中央文献出版社2004年版，第684页。

表态，我一面虚与委蛇，一面坚持中央立场，这是我离开毛主席后利用自己一生经验来对付张国焘，最后与中央会合了。[①]第一次参加政治局整风会议的周恩来深有体会地说："我们党二十二年的历史证明：毛泽东同志的意见，是贯串着整个党的历史时期，发展成为一条马列主义中国化，也就是中国共产主义的路线！毛泽东同志的方向，就是中国共产党的方向！毛泽东同志的路线，就是中国的布尔什维克的路线！"[②]

毛泽东在会上作小结，讲了团结问题，强调我们是要团结的，犯路线错误或犯个别错误的同志觉悟起来，弄清路线是非，是达到真正团结的基础。他还讲了党内斗争的方法，强调要避免党在历史上曾经发生过的错误斗争方法；这次整风继续贯彻以马列主义自我批评方法来惩前毖后，治病救人。

二、中央政治局第二次整风会议

1943 年 11 月 13 日—27 日，在中央领导进行党史学习的同时，中共西北局在 1943 年 10 月 12 日到 16 日召开高级军事干部会议。14 日，毛泽东在西北局高干会议上作报告，第一次在较大范围内公开点名批评王明路线。指出王明路线的特点是：（1）以速胜论反对持久战。（2）以一切经过统一战线反对独立自主。（3）军事上反对游击战主张运动战。（4）在组织上闹独立性，不服从中央，闹宗派主义。指出王明路线就是一条投降主义路线，但王明并不认错，还批评中央不对。毛泽东告诫全党，我们要有对付党可能发生分裂的准备。整风会议暂停一个多月。

从 11 月 13 日起，毛泽东继续主持这一期间的中央政治局整风会议，继续批评王明在十年内战时期"左"倾错误和抗战初期的右倾错误。他首先发言，严厉批评王明宗派。毛泽东系统回顾

① 石永言著：《从遵义到延安 毛泽东鲜为人知的故事》（下），贵州人民出版社 2008 年版，第 907 页。
②《在延安欢迎会上的演说词》，见中共中央文献研究室、中央档案馆编：《建党以来重要文献选编（一九二一——一九四九）》（第 20 册），中央文献出版社 2011 年出版，第 512 页。

了六届四中全会以来党内斗争的历史，着重批评了王明、博古的错误，认为他们顶着国际和马列招牌，欺骗全党十多年。现在要揭破这个大欺骗。他说：遵义会议以后的路线和遵义会议以前的路线，是马列主义和非马列主义的区别。……遵义会议只集中解决军事路线，因为中央在长征中，军事领导是中心问题。当时军事领导的解决差不多等于政治路线的解决。一九三七年十二月会议时，由于王明回国，进攻中央路线，结果中断了遵义会议以后的中央路线。十二月会议我是孤立的，我只对持久战、游击战为主、统一战线中独立自主原则是坚持到底的。六届六中全会，我对王明的“一切经过统一战线”等是作了否定的结论的，但当时没有发表。[①]1941 年九月会议时，毛泽东曾具体指出王明在抗战初期的四个原则错误，但当时王明不但不承认自己的错误，反而反攻中共中央自抗战以来的方针是太“左”了。毛泽东最后强调：我们的目的是既要揭发错误路线，又要保护同志，不要离开这个方向。毛泽东还讲了一些原则意见。

毛泽东作完动员之后，博古首先作第二次检查。他表示：在教条宗派中，除王明外，他是第一名；在内战时期，他在国内是第一名；抗战时的投降主义，以王明为首，他是执行者和赞助者。博古作为长征初期最高军事领导“三人团”的主要成员，深有体会地说：“长征军事计划未在政治局讨论，这是严重政治错误。长征是搬家、抬轿子，使红军受到很大削弱。”[②]“长征过程中毛主席起来反对错误领导，从湘南争论到遵义会议。长征军事计划全错的，使军队有消灭危险，所以能保存下来进行二万五千里长征，因有遵义会议，毛主席挽救了党，挽救了军队。”[③]博古的检讨发言以及别人对他的批评，一共用了两天的时间。

之后，李维汉、张闻天等先后再次作整风检查。

---

① 中共中央文献研究室编，逄先知主编：《毛泽东年谱（1893—1949）》（中卷），中共中央文献出版社 1993 年版，第 789 页。

② 秦邦宪：《在中央政治局会议上的发言（节录）》（一九四三年十一月十三日），见遵义会议纪念馆编《遵义会议五十周年》，贵州人民出版社 1986 年版，第 50 页。

③ 吴德坤主编：《遵义会议资料汇编》，中央文献出版社 2009 年版，第 121 页。

任弼时对自己1931年进入中央苏区以后的革命实践和思想发展进行了总结发言和自我批评。他特别讲到自己对毛泽东有一个认识的过程，直到1938年从莫斯科回国前后，阅读了毛泽东的《论持久战》《新民主主义论》《战争和战略问题》，以及毛泽东处理国共关系和领导整风等，对毛泽东才完全“爱戴佩服”而且“认识到他一贯正确是由于坚定的立场和正确的思想方法。”①

在11月27日的会上，周恩来结合参加革命实践的丰富经历作了整风检查。在参加会议的领导人中，他是参与党中央核心领导时间最长、资格最老、了解情况最多的领导人，他的发言讲得最细、时间也最长。他从大革命后期，一直讲到当时。作为长征初期最高军事领导“三人团”的一名成员，周恩来自我检查说：遵义会议前，毛泽东、王稼祥、张闻天就批评军事路线是错误的。“我对军事错误开始有些认识。军事指挥与以前也不同，接受毛主席的意见，对前方只指出大方向，使能机动。因此遵义会议上我与博古的态度有区别”。他认为，王明路线的本质是党外步步投降，党内处处独立。在形势估计上，是速胜论、外援论；战略思想是外援论、唯武器论；在统战工作上是投降主义，中心是放弃领导权，取消阶级教育和党的独立宣传；在党的关系上是把党作为私人工具，取消党的正确领导，与延安中央闹独立性，准备使“武汉中央化”。归纳起来，这就是“抗战中的机会主义，统战中的投降主义，党的问题上的取消主义，故本质上是较老陈独秀主义坏得多了。”②

王明没有参加政治局会议。11月29日由李富春代表中央与王明谈话，告诉他中央政治局正在开会，讨论六大以来党的路线问题，特别是教条主义宗派错误，包括王明的错误问题，希望他认真作出检查。12月1日，王明给毛泽东并中央政治局写信（其妻孟庆树代笔），承认一九四一年九月会议时的错误，完全放弃自己原来的那些意见。并表示：“现在我再一次地向中央声明，

---

①蔡庆新著：《任弼时》，中央文献出版社1999年版，第124页。

②《胡乔木回忆毛泽东》，人民出版社1994年版，第298页。

整風與實際相結合

邊區黨高幹會勝利閉幕

確定了統一領導與加强生產的方針

清算了歷史上的錯誤與今天的偏向

社論 高幹會與整風運動

《解放日报》关于西北局高干会议的报道

我完全放弃我自己的那些意见”，“我愿意做一个毛主席的小学生，重新学起，改造自己的思想意识，纠正自己的教条宗派主义错误，克服自己的弱点。”[①]

自此以后，中共中央总学委于十二月初下达了关于学习《反对统一战线中的机会主义》文件的通知，一方面是帮助一些同志认识那些机会主义的错误是怎样背离马列主义，另一方面也是帮

① 中共中央文献研究室编，金冲及主编：《毛泽东传（1893—1949）》，中央文献出版社 2004 年版，第 688 页。

助同志们研究统一战线与投降主义的严格区别，提高贯彻执行毛泽东关于民族统一战线思想的自觉性。十二月下旬，毛泽东为中共中央书记处起草了一份关于研究王明、博古宗派机会主义错误的指示，主要向一些中央局和中央分局发出，要求他们很慎重地组织这一研究，每一中央分局在所属地区组织一百到二百左右的高级干部学习和研究两条路线的有关文件，毛泽东强调："此种研究的性质是整风的深入与高级阶段，其目的是使干部提高认识与增进统一团结，并为将来讨论七大决议作思想准备。"①

经过9月以来的紧张学习和对错误路线的深入批评，高级干部对党的历史上的路线是非已经能够看清。不过，又出现了一种新的情况，有些过去受到错误打击的干部对犯了"左"倾错误的干部进行了过火的斗争，使有些人在毫无思想准备的情况下被揪出来交代问题，甚至被轰出会场，党内空气一度十分紧张，而且对党史中的一些重要问题也存在严重争议，如，王明、博古问题属于党内问题还是党外问题？临时中央和五中全会是合法还是非法？怎样处理弄清思想和结论宽大的关系？对六大如何评价？党内的宗派主义是否还存在？毛泽东对这些问题非常重视，他知道如果这些问题处理不好，还会重复过去犯过的错误，党内也不可能实现真正的团结和统一。

三 、中央政治局第三次整风会议

从1943年底到1944年初，中央政治局整风会议暂停了一段时间。根据学习计划，安排1000多名干部学习七本马列主义的书籍，这七本书是《共产党宣言》《社会主义从空想到科学的发展》《共产主义运动中的"左派"幼稚病》《社会民主党在民主革命中的两种策略》《联共（布）党史简明教程》《两条路线》（上、下册）。

① 中共中央文献研究室编，金冲及主编：《毛泽东传（1893—1949）》，中央文献出版社2004年版，第688页。

1

2

3

1_
朱德在读书
2_
康生，延安整风运动的负责人之一。1943年7月作《抢救失足者》报告，制造了一大批冤假错案。由中共中央、毛泽东及时发现，这一错误才得以制止
3_
毛泽东与康生

1944年开春后，中央政治局整风会议第三阶段开始，即中央政治局第三次整风会议。会议主要是对整风进行总结和对此前有争论的党的历史问题作出正确结论，同时开始纠正前一阶段会议的一些缺点。

1944年2月24日，中央书记处会议讨论有争议的党的历史问题，取得了一致的意见。3月5日，毛泽东在政治局会议上谈了书记处会议的讨论意见，实际上是对政治局整风会议上关于党的历史问题讨论的总结，主要有六点：（1）党内党外问题。王明、博古同志的错误现在确定为党内问题。（2）合法与非法问题。因为临时中央有共产国际的来电批准所以是合法的，五中全会也经过国际批准，因而应承认他们是合法的，但必须指出选举手续不完备。四中全会得到共产国际和中央的承认，形式上是合法的，但政治内容是不好的。（3）弄清思想与结论宽大问题。整风运动的方针是“治病救人”，清查党内历史问题，执行的方针是思想上彻底清算，作组织结论要慎重和适当；主要强调产生错误的社会原因，不要强调个人问题。思想要弄清，结论要宽大，对党才有利。（4）不要否定一切。对四中全会到遵义会议这一段历史，也不要一切否定。凡做得对的，都应当承认。如果把过去的一切都否定，就是一种偏向。（5）对六大的估计。毛泽东认为六大基本上是正确的，六大指出了革命性质，分析了革命形势，反对了速胜论，提出了十大纲领，提出要争取群众，六大的基本精神是有群众观点的。（6）党内的宗派现在是否还有？毛泽东认为经过几次分化，宗派是没有了，现在比较严重的是山头主义。[①]随后，周恩来在延安中央党校专门作了《关于党的“六大”的研究》报告，回答干部学习中争论的一些重要问题。

4月12日，毛泽东在中共中央西北局高级干部会议上传达了中央政治局关于历史问题的结论，强调研究历史经验的正确态度是：“这次处理历史问题，不应着重于一些个别同志的责任方

①《关于路线学习、工作作风和时局问题》，见中共中央文献研究室、中央档案馆编：《建党以来重要文献选编（一九二一——一九四九）》（第21册），中央文献出版社2011年出版，第87—90页。

1

2

1_
杨家岭中央政治局会议室
2_
杨家岭中共中央办公厅

面，而应着重于当时环境的分析，当时错误的内容，当时错误的社会根源，实行惩前毖后、治病救人的方针，借以达到既要弄清思想又要团结同志这样两个目的。对于个人的处理问题取慎重态度，既不含糊敷衍，又不损害同志，这是我们的党兴旺发达的标志之一。”“对于任何问题应采取分析态度，不要否定一切”。“我们许多同志缺乏分析的头脑，对于复杂事物，不愿作反复深入的分析研究，而爱作绝对肯定或绝对否定的简单结论。我们报纸上分析文章的缺乏，党内分析习惯的还没有完全养成，都表示这个毛病的存在。今后应该改善这种状况。”①

这个讲话对全党的团结和巩固起了非常重要的作用。在全党团结、统一的气氛下，中共中央认为起草历史决议问题的时机成熟了。5 月 10 日，毛泽东主持中央书记处会议，讨论召开中共七大的问题。会议决定组织几个准备报告的委员会：党内历史问题决议准备委员会，成员主要有任弼时、刘少奇、康生、周恩来、张闻天、彭真、高岗，几天后又增加了博古，具体由任弼时负责召集；军事问题报告准备委员会，朱德负责召集；组织问题报告准备委员会，刘少奇负责召集；统一战线工作报告准备委员会，周恩来负责召集。会议还决定，在中共七大召开前，5 月 20 日左右召开六届七中全会，通过关于七大的准备问题。

上述三个阶段的中央政治局整风会议，特别是毛泽东在历次会议上的报告与讲话，进一步肃清了王明“左”倾机会主义错误路线，为统一全党的思想认识，团结党内大多数特别是犯过路线错误的同志，以及召开中共六届七中全会并通过《关于若干历史问题的决议》，都作了充分的思想准备和组织准备。

① 中共中央文献研究室编，金冲及主编：《毛泽东传（1893—1949）》，中央文献出版社 2004 年版，第 690 页。

中共六届七中全会

（1944 年 5 月 21 日至 1945 年 4 月 20 日）

1944 年 5 月 21 日至 1945 年 4 月 20 日，在全党整风的基础上，中国共产党六届七中全会在延安杨家岭召开。出席这次会议的中央委员和候补中央委员一共有 17 人，分别是毛泽东、朱德、刘少奇、任弼时、周恩来、康生、彭德怀、张闻天、邓发、陈云、博古、李富春、吴玉章、杨尚昆、陈郁、李维汉、孔原。列席会议的还有各中央局、分局和其他方面的负责同志（有发言权和表决权）12 人，分别为彭真、高岗、贺龙、林彪、叶剑英、陈毅、刘伯承、聂荣臻、朱瑞、徐向前、谭政、陈伯达。这次中央全会采取会内和会外相结合的办法，所以时开时停，历时 11 个月，先后召开 8 次全体会议。这是中国共产党历史上开的时间最长的一次会议。

一、会议背景

1942 年 2 月，以反对主观主义为主要任务的整风运动在全党普遍开展。从 1943 年冬季开始，整风运动进入了总结党的历史经验阶段。在此之前，党中央政治局曾进行了几次关于党的历史问题的讨论。从 1943 年冬到 1944 年春，中共中央又领导全党高级干部对党的全部历史，尤其是 1931 年到 1934 年这段时间的历史，进行了深入的讨论。与此同时，中共中央还组织各个革命根据地和在中国工农红军中工作过的同志，召开各地区、各部队的党史座谈会，把总结党的历史问题和各个地区的革命历史紧密结合起来。经过半年的学习，1944 年 4 月 12 日，毛泽东在延安高级干部会议上代表中央政治局作了《学习和时局》的讲演，对讨论中提出的几个重要问题作了结论。党的高级干部对许多重大历史问题取得了一致的或更深刻的认识，党内思想在马列主义基础上进一步取得了统一。这为中共六届七中全会的胜利召开作了重要的思想准备，同时也为《关于若干历史问题的决议》的形成奠定了基础。

二、会议内容

1944 年 5 月 21 日，举行了第一次会议。会议选举毛泽东、朱德、刘少奇、任弼时、周恩来五人组成大会主席团，毛泽东为中央委员会主席和六届七中全会主席团主席。会议决定，在全会期间由主席团处理日常工作，政治局和书记处停止行使职权。在开幕式上，毛泽东代表中央政治局把关于讨论党史中六个重大问题的结论意见，提交中央委员会讨论，会议一致通过最后正式形成决议。毛泽东提交全会讨论的要点是：（1）中央某些个别同志曾被其他一些同志怀疑为有党外问题，根据所有材料研究，认为他们不是党外问题，而是党内错误问题。（2）四中全会后的临时中央及其召集的五中全会是合法的，因为当时得到国际的批准，但选举手续不完备，应作历史的教训。（3）对党的历史上的错误应该在思想上弄清楚，但其结论应力求宽大，以便团结全党共同奋斗。（4）自四中全会至遵义会议期间，中共中央的领导路线是错误的，但尚有其正确的部分，不要否认一切。（5）六大虽有其缺点错误，但基本路线是正确的。（6）遵义会议以来，作为政治纲领和组织形态的教条宗派与经验宗派，已经不存在了，现在党内应克服山头主义倾向。[①] 会议通过中共七大的议事日程和报告负责人；毛泽东作政治报告，刘少奇作组织及修改党章报告，朱德作军事报告，任弼时作党的历史问题报告，周恩来作统一战线报告及公开讲演。

1944 年 6 月 5 日，举行了第二次全体会议。中心议题是关于城市工作问题，会议讨论并通过了毛泽东起草的《中央关于城市工作的指示》。《指示》指出："不占领大城市与交通要道，

①《学习和时局》：见《毛泽东选集》（第三卷），人民出版社 1991 年版，第 943 页。

不能驱逐日寇出中国。”要求各中央局、中央分局、各区党委“必须把城市工作与根据地工作作为自己同等重要的两大任务”“必须把争取敌占一切大、中、小城市与交通要道及准备群众武装起义这种工作，提到极重要地位”“以期在今年下半年及明年上半年，就能收到显著成绩，准备配合世界大事变，在时机成熟时，夺取在有我强大军队与强大根据地附近的一切敌占城市与交通要道”。[①]毛泽东对指示做了说明。他说：城市工作问题是从国民党战场，尤其在河南汤恩伯不战而溃的情况引起来的。要靠国民党来收复大城市是不可能的。将来可能出现三股子力量，即罗斯福的美军、蒋介石和共产党，看谁先进城。我以为在此情况下应争取起这个决定作用。刘少奇发言指出：争取城市的任务是必须提出的。如果我们不去争取城市，则在历史上将受到批评和惩罚。同时要避免急性病，必须等待时机。[②]周恩来在发言中主要讲了策略问题，指出争取伪军也是城市工作的一个内容，可以利用伪军起义建立统一战线政权。在城市搞武装起义，应明确是里应外合，不是以前欧洲式的单独的城市暴动。朱德补充说：城市工作要注意用本地人。会议决定成立由刘少奇、彭真等 14 人组成的中央城市工作委员会，以彭真为主任。

1944 年 11 月 9 日，召开第三次会议，主要讨论毛泽东同美国总统罗斯福的私人代表赫尔利谈判的问题。

1944 年 12 月 7 日，举行第四次会议，周恩来报告了去重庆谈判的情况。

1944 年 12 月 9 日，举行第五次会议，讨论成立解放区联合委员会的问题。

1945 年 2 月 18 日，举行第六次会议，会议听取了周恩来关于同国民党谈判的情况报告。

1945 年 3 月 31 日，举行第七次会议。毛泽东在会上对准备

---

①《中共中央关于城市工作的指示》，见中共中央文献研究室、中央档案馆编：《建党以来重要文献选编（一九二一—一九四九）》（第 21 册），中央文献出版社 2011 年版，第 299—300 页。

② 中共中央文献研究室编：《刘少奇年谱（一八九八—一九六九）》（上卷），中央文献出版社 1996 年版，第 445 页。

中共中央党的历史问题决议准备委员会成员名单

（1944年5月）

主持人：任弼时

成　员：任弼时　刘少奇　康　生　周恩来　张闻天

彭　真　高　岗　秦邦宪

1

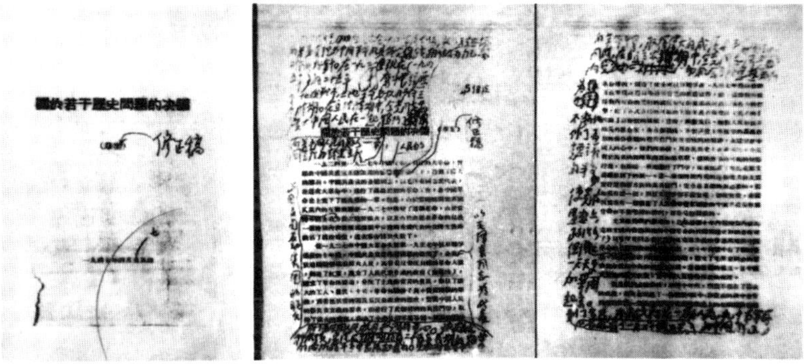

2

1_

中共中央党的历史问题决议准备委员会成员名单

2_

中国共产党扩大的六届七中全会通过的《关于若干历史问题的决议》修正稿

提交到中共七大会议上的书面政治报告《论联合政府》做了说明。他讲了两个问题：第一，关于联合政府。他指出："工农民主专政是新民主主义的本质。具体纲领在各个阶段是不同的。联合政府是具体纲领，它是统一战线政权的具体形式。"[①] 并提出了联合政府的三种可能性：一是要我们交出军队去做官；二是形式是民主，实质是蒋介石独裁政府；三是以我们为中心。第二，关于算不算旧账。他强调："总结经验也可以说是算账，但我们的算账不要含有搞垮谁的意思。""过去的历史错误主要是一个社会现象，由于党在政治上不成熟，犯错误的同志是因为不自觉，以为自己是对的才要在党内党外打倒一切。"[②] 会议讨论并通过了准备向党的七大作的政治报告和准备提交党的七大讨论的党章草案。

1945 年 4 月 20 日，举行了第八次会议。任弼时代表六届七中全会主席团讲话指出：决议主要是说四中全会至遵义会议的问题，抗战期间的问题留至以后解决。解决历史问题的方针是弄清思想、团结同志，分析错误的内容与根源，而不着重个人的责任。会议通过了准备向党的七大作的《军事报告》，通过了《关于若干历史问题的决议》，通过了党的七大主席团、代表资格审查委员会候选人员名单和会议日程，通过了《组织城市工作委员会的决议》。

1945 年 4 月 20 日，毛泽东主持了最后一次会议，并做发言。他说《决议》不仅仅是领导机关内部的，还是全党性质的，是和全国人民都有关系的，要对全党和全国人民负责任的。他还指出：党是政治团体，不是家族或职业团体，都是来自五湖四海，因为政见相通而结合起来的。政见不同就要有争论，争论时分清界限

①《毛泽东在中共六届七中全会上对〈论联合政府〉的说明》// 中共中央文献研究室、中央档案馆编：《建党以来重要文献选编（一九二一——一九四九）》（第 22 册），中央文献出版社 2011 年版，第 195 页。

②《毛泽东在中共六届七中全会上对〈论联合政府〉的说明》// 中共中央文献研究室、中央档案馆编：《建党以来重要文献选编（一九二一——一九四九）》（第 22 册），中央文献出版社 2011 年版，第 195—196 页。

是必要的，但今后要少戴帽子为好。凡是过去政治上犯过错误的同志，现在都改正了，都要如《决议》所说的像一个和睦的家庭一样。《决议》把好多好事都挂在我的账上，我的错误缺点没有挂上，不是我没有而是没有挂，为了党的利益没有写上。这是大家要认识清楚的，首先是我。①

至此，从 1941 年 9 月中共中央政治局扩大会议开始，经过 1943 年 9 月政治局扩大会议展开的中央领导层整风运动，1945 年 4 月中共六届七中全会通过《历史决议》，历时三年八个月，尽管后期出现过包括“抢救运动”之类的错误，但总体上是成功的。

三、会议通过的文件

《关于若干历史问题的决议》是会议通过的主要文件之一。它是在延安整风运动的基础上形成的，重新起草历史决议是全面总结历史经验最重要的工作。中共六届七中全会一开始，就成立了由任弼时、刘少奇、周恩来、张闻天、康生、彭真、高岗、博古等八人参加的专门委员会，负责《决议》的起草、修改事宜。具体流程如下：任弼时先写出一个稿子，修改几稿后胡乔木以此为基础重新起草一个稿子。任弼时对胡乔木的稿子又进行多次修改，之后中央指定张闻天参加修改。最后，毛泽东对张闻天修改过的稿子进行了七次修改。整个会议期间，《决议》稿子进行了八次以上的修改，向全会提出了三次草稿。在全会一致通过这个《决议》时，王明因病没有参加会议，但他写信给全会表示拥护这一决议。

《关于若干历史问题的决议》是一个重要的马列主义文件。它运用辩证唯物主义和历史唯物主义对党的斗争历史经验和教训作了科学总结和概括。

《决议》首先总结建党以来，尤其是六届四中全会到遵义会

① 中共中央文献研究室编：《毛泽东年谱（1893—1949）》（修订本）中卷，中央文献出版社 2013 年版，第 592 页。

议这段时间里党的发展历史和经验教训。《决议》全面翔实地阐述了历次“左”倾错误，特别是1931年1月开始的以教条主义为特征的王明“左”倾错误在政治、军事、组织和思想上的表现和造成的严重危害，分析了错误产生的社会和思想根源，提出了克服错误的方法。《决议》指出，王明“左”倾错误是完全可以避免的。要克服错误的“左”倾思想或右倾思想，既不能草率从事，也不能操切从事，而必须深入进行马克思列宁主义的教育，提高全党对于无产阶级思想和小资产阶级思想的鉴别能力，并在党内发扬民主，展开批评和自我批评，进行耐心说服和教育的工作，具体地分析错误的内容及其危害，说明错误之历史的和思想的根源及其改正办法。这是马克思列宁主义者克服党内错误的应有态度。[①]《决议》还指出，要在全党运用教育的方法，克服党内小资产阶级的思想。要贯彻“前车之覆”成为“后车之鉴”的理念，不能让错误思想再出现。同时，《决议》充分肯定了我党在艰苦时期团结一致、积极奋进的重大意义，以及毛泽东运用马克思列宁主义基本原理解决中国革命实际问题的突出贡献。

《决议》对毛泽东运用马克思列宁主义的理论和方法来解决中国革命问题的杰出贡献给予高度评价，肯定了以毛泽东为代表的马克思列宁主义路线。《决议》指出：“毛泽东同志不但运用马克思列宁主义规定了中国革命的正确的政治路线，而且从土地革命战争时期以来，也运用马克思列宁主义规定了服从于这一政治路线的正确的军事路线。”[②]“我党终于在土地革命战争的最后时期，确立了毛泽东同志在中共中央和全党的领导。这是中国共产党在这一时期的最大成就，是中国人民获得解放的最大保证。”[③]《决议》指出了毛泽东领导地位确立的巨大意义：“二十四

①《关于若干历史问题的决议》//中共中央文献研究室、中央档案馆编：《建党以来重要文献选编（一九二一—一九四九）》（第22册），中央文献出版社2011年版，第109页。

②《关于若干历史问题的决议》//中共中央文献研究室、中央档案馆编：《建党以来重要文献选编（一九二一—一九四九）》（第22册），中央文献出版社2011年版，第97页。

③《关于若干历史问题的决议》//中共中央文献研究室、中央档案馆编：《建党以来重要文献选编（一九二一—一九四九）》（第22册），中央文献出版社2011年版，第75页。

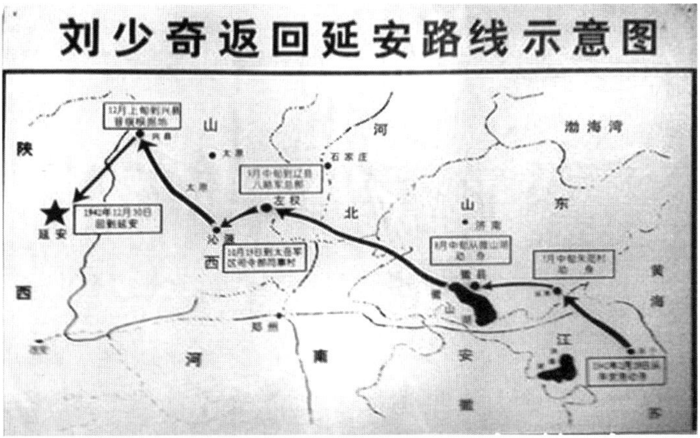

1

2

3

1_

刘少奇从华中返回延安路线示意图

2_

刘少奇在枣园

3_

刘少奇撰写《论共产党员的修养》

年来中国革命的实践证明，毛泽东所代表的我们党和全国广大人民的奋斗方向是完全正确的”，“到了今天，全党已经空前一致地认识了毛泽东同志的路线的正确性，空前自觉地团结在毛泽东的旗帜下了。以毛泽东同志为代表的马克思列宁主义的思想更普遍地更深入地掌握干部、党员和人民群众的结果，必将给党和中国革命带来伟大的进步和不可战胜的力量”，“在以毛泽东同志为首的中央的正确指导下，必将使中国革命达到彻底的胜利。”[①]

《决议》对以刘少奇为代表的党在白区工作的正确路线作了肯定。会议纠正了 1931 年临时中央对刘少奇的批判，指出刘少奇是十年内战时期正确路线在白区工作的代表。在这次会议上，还确定刘少奇在党的第七次全国代表大会上作组织和党章修改的报告。刘少奇把毛泽东思想作为修改党章的基础，在党章草案中第一次提出，要把马克思列宁主义的理论和中国革命实践相统一的思想——毛泽东思想作为一切工作的指针。

这次会议还讨论了城市工作问题，1944 年 6 月 5 日的会议，通过了《中央关于城市工作的指示》（简称《指示》）。《指示》提出了要争取百万群众，争取伪军伪警察，准备武装起义夺取城市和交通要道的伟大目标，并指出了实现这个任务的可能性和必要性：“去进行城市与交通要道的工作，是切合时宜的。”但“不占领大城市与交通要道，不能驱逐日寇出中国”，不进行群众武装起义的准备工作，就不能配合军队与农村占领大城市与交通要道，必须把城市工作与根据地工作作为同等重要的两大任务。《指示》说，过去人们以为从大城市与交通要道驱逐日寇的任务，似乎只有国民党才能胜任，现在必须改变此种观点。如果我们现在不是这样认识问题，就会迫使我们在将来反攻时，“在没有准备或准备不足情况下去进行争夺大城市与交通要道的斗争，使我军将来进攻城市时，没有充分与必要的内应，以及在夺取城市后，不能迅速发动群众，建立城市的革命秩序与掌管城市”。[②] 为实

① 《毛泽东选集》第 3 卷，人民出版社 1991 年版，第 998—999 页。

② 中央档案馆编：《中共中央文件选集》第 14 册，中共中央党校出版社 1992 年版，第 243—244 页。

现上述所提出的城市工作的任务，《指示》还就夺取城市与交通要道的武装起义准备工作，如计划与组织、工作方向、工作方法、干部以及经费等问题，作了具体部署。这次会议决定成立中央城市工作委员会，通过了《组织城市工作委员会的决议》，确定城市工作委员会由14人组成，彭真为主任。之后，北方局要求各分局、区党委有准备地召开一次与城市工作有关的干部扩大会议，决心抽调大批有能力的干部去开展城市工作。

四、会议的历史意义

六届七中全会的一项重要内容是讨论中国共产党23年的历史问题，为此全会成立了专门委员会负责各项事宜。对于整风运动来说，这次会议也是极其重要的，全会对党的历史问题进行了深入研究和讨论，在许多问题上取得了一致认识，标志着整风运动的胜利结束。

会议最重要的成果是通过了《关于党的若干历史问题的决议》，这个文件是马列主义的重要文献，在这个文件里对党的斗争历史经验和教训做了科学的总结和概括，高度评价了毛泽东运用马克思列宁主义基本原理解决中国革命问题的杰出贡献，肯定了确立毛泽东在全党的领导地位的重大意义。

全会全面阐述了历次“左”倾错误的表现以及造成的严重危害，并且着重分析了产生错误的社会根源和思想根源，标志着历时三年八个月的整风运动胜利结束，为中国共产党第七次全国代表大会的胜利召开作了充分准备。

六届七中全会使全党尤其是党的高级干部达到在马克思列宁主义、毛泽东思想基础上的团结一致，为党的七大胜利召开创造了充分的思想条件。

第四章

召开七大 争取和平

中国共产党第七次全国代表大会

（1945 年 4 月 23 日至 6 月 11 日）

中共七大是党的历史上酝酿时间最长、准备最充分的一次全国代表大会，它系统地总结了建党以来的历史以及新民主主义革命的历史经验,在全党范围内统一了对党的历史问题的正确认识。七大制定了正确的路线、纲领和策略，克服了党内的错误思想，使全党特别是党的高级干部对于中国民主革命的发展规律有了比较明确的认识，从而使全党在马克思列宁主义、毛泽东思想的基础上达到了空前的团结。这次大会作为“团结的大会、胜利的大会”而被载入史册。它为党领导人民去争取抗日战争的胜利和新民主主义革命在全国的胜利，奠定了政治上、思想上和组织上的深厚基础。

一、中共七大召开的背景

（一）国际国内形势逐渐好转

中国共产党第七次全国代表大会是在国际国内形势逐步有利于人民和革命的情况下召开的。

在国际上，德国法西斯主义正面临彻底毁灭。在中共七大之前，苏联军队开始进攻柏林，英美和法国联军也在合作打击希特勒的残余军，意大利人民发动了起义。这一切表明希特勒很快就会被消灭。希特勒被消灭后，不久就要打败日本侵略者了。苏联和其他反法西斯盟国人民的努力使打败法西斯成为可能。

在国内，中国的抗日战争将取得最后胜利。中共七大以前，共产党领导的敌后军民普遍在华北、华中、华南地区对日伪进行局部反击。“中国人民在其对于日本侵略者作了将近八年的坚决的英勇的不屈不挠的奋斗，经历了无数的艰难困苦和自我牺牲之后，出现了这样的新局面——整个世界上反对法西斯侵略者的神圣的正义的战争，已经取得了有决定意义的胜利，中国人民配合同盟军打败日本侵略者的时机，已经迫近了。”[①]

毛泽东曾明确指出中共七大召开的历史背景："现在的时机很好。在欧洲，希特勒快要被打倒了。世界反法西斯战争的主要的一部分是在西方，那里的战争很快就要胜利了，这是苏联红军努力的结果，现在柏林已经听到红军的炮声，大概在不久就会打下来。在东方，打倒日本帝国主义的战争也接近胜利的时节。我们的大会是处在反法西斯战争最后胜利的前夜。”[②]

（二）延安整风任务完成

延安整风运动为召开七大创造了良好的条件。全国抗战期间，中国共产党在延安和各抗日民主根据地开展了整党整风和马克思列宁主义教育运动。毛泽东为了提高全党的马克思列宁主义水平，纠正党内的各种非无产阶级思想，于 1941 年 5 月和 1942 年 2 月，分别做了《改造我们的学习》《整顿党的作风》和《反对党八股》的报告，号召全党反对主观主义以整顿学风、反对宗派主义以整顿党风、反对党八股以整顿文风。同年 6 月，中共中央宣传部发出了《关于在全党进行整顿三风学习运动的指示》，从此开始了全党范围的整风运动。延安整风运动从 1942 年 2 月开始至 1945 年春季结束，共计三年多时间，运动的宗旨是“惩前毖后，治病救人”。1945 年 4 月，中共六届七中全会的主要内容和最重要的成果，就是通过了《关于若干历史问题的决议》。这个决议以毛泽东 1941 年写的《历史问题草案》为蓝本，从 1944 年 5 月在毛泽东的领导下开始起草。这项决议系统地总结了大革命失败后党内的重大历史问题，高度评价了毛泽东运用马克思列宁主义基本原理解决中国革命问题的突出贡献，肯定了确

①《毛泽东选集》第三卷，人民出版社 1991 年版，第 1029 页。

②《毛泽东选集》第三卷，人民出版社 1991 年版，第 1025 页。

立毛泽东在全党领导地位的重大意义。同时，全面、详细地阐述了以往“左”倾错误在政治、军事、组织、思想等方面的表现及其造成的严重危害,并严肃地分析了错误产生的社会和思想根源。这一历史性决议的通过标志着整风运动的完成。

经过整风运动，共产党员的马克思列宁主义理论水平得到提高，全党实现了前所未有的团结统一，为抗战胜利和民主革命奠定了思想基础。

二、会议的进程与主要内容

（一）盛会开幕

为了在抗战胜利前夕，系统总结中国革命的基本经验，为彻底打败日本侵略者、建立新中国做准备,1945年4月23日至6月11日，中国共产党第七次全国代表大会在延安杨家岭中央大礼堂召开，历时50天。出席七大的代表共755名，其中正式代表547名，候补代表208名，代表全党121万党员，分为中直（包括军直系统）、西北、晋绥、晋察冀、晋冀鲁豫、山东、华中和大后方八个代表团。代表中，1921年至1927年入党的党员约占28%，1928年至1936年入党的党员占59%，1937年至1941年入党的党员占13%。代表的平均年龄是36.5岁，最年长的69岁，最年轻的23岁。女代表占代表总人数的6.9%。

4月23日，在肃穆的《国际歌》声中，大会秘书长任弼时在延安杨家岭中央大礼堂宣布中国共产党第七次全国代表大会开幕，毛泽东致《两个中国之命运》的开幕词。他说：“在中国人民面前摆着两条路，光明的路和黑暗的路。有两种中国之命运，光明的中国之命运和黑暗的中国之命运……我们的任务不是别的，就是放手发动群众，壮大人民力量，团结全国一切可以团结的力量，在我们党领导之下，为着打败日本侵略者，建设一个光明的新中国，建设一个独立的、自由的、民主的、统一的、富强

1945年4月23日至6月11日，中国共产党第七次全国代表大会在延安杨家岭中央大礼堂隆重召开

的新中国而奋斗。我们应当用全力去争取光明的前途和光明的命运。”①

毛泽东致辞后，朱德、刘少奇、周恩来、林伯渠和日本共产党代表冈野进，先后在开幕典礼上发表讲话，肯定中国共产党取得的伟大成就和毛泽东同志的正确领导，并预祝七大成功。全体代表一致通过了彭真在会上作的关于代表资格审查的报告。胡乔木担任大会记录和主席团会议的记录。

（二）毛泽东在《论联合政府》中详细阐明新民主主义中国蓝图

4月24日，毛泽东向大会提交了《论联合政府》的书面报告，并就书面报告的一些问题以及其他问题作了口头报告。这个报告

①《毛泽东选集》第三卷，人民出版社1991年版，第1025—1026页。

毛泽东在七大会上作《论联合政府》的政治报告

在档案文献里也叫“政治报告”。书面报告分析了国际国内形势，总结了抗战中两条不同指导路线的斗争和人民战争的基本经验，阐述了中国共产党在民族民主革命阶段的一般纲领和具体纲领，指出中国人民应当争取打败侵略者、建设新中国的前途。

毛泽东在阐明我们的一般纲领时指出，我们所要建立的新中国，既不应是大地主大资产阶级专政的国家，也不应是民族资产阶级统治的旧民主主义的国家，也不能是社会主义国家，而应当是在工人阶级领导下各革命阶级民主联盟的国家，即新民主主义的国家。毛泽东强调，为了建立新中国，当前最重要、最迫切的任务，就是立即废止国民党一党专政，建立民主联合政府。只有废除国民党的一党专政，才能成立民主的联合政府，达到打败侵略者、建立新中国的目的。民主联合政府是抗日民族统一战线在政权上的最高形式，是全国人民的呼声和要求。大会还拟定了在彻底打败日本侵略者之前和之后建立民主联合政府的两个具体步骤。对新民主主义国家在政治、经济、文化各方面的纲领和外交政策的基本原则，大会也做了全面具体的说明。

（三）朱德、周恩来、刘少奇先后作报告

4 月 25 日，朱德在党的七大作了《论解放区战争》的军事报告，根据党的政治路线和毛泽东的军事学说，深刻地总结了抗日战争的军事斗争经验，论述了共产党和国民党两条对立的军事路线，提出了我军取得抗日战争最后胜利的战略任务。报告着重总结了解放区抗战的经验。最基本的经验就是人民的军队、人民的战争和人民的战略战术三者的统一。朱德的报告，是中国共产党领导军事斗争的经验总结，是一篇用马克思主义观点研究抗日民族解放战争的重要军事著作。

朱德在中共七大上作《论解放区战场》报告

4月30日，周恩来在党的七大作了《论统一战线》的发言。周恩来说：大革命、十年内战和抗日战争三个时期的统一战线又都属于新民主主义的统一战线，因为新民主主义是我们三个时期统一战线的政治基础。新民主主义的统一战线，就是无产阶级领导的人民大众的反帝反封建的统一战线。周恩来这个发言包含了丰富的历史经验，全面阐发了毛泽东关于统一战线的策略思想，为马克思主义关于革命同盟军思想的理论增加了新的内容，为此后搞好统一战线工作起了重要指导作用。

5月14日、15日，刘少奇在中共七大作了《关于修改党章的报告》。刘少奇把毛泽东思想的主要内容概括为以下几个方面，即：关于现代世界情况及中国国情的分析；关于新民主主义理论与政策；关于解放农民的理论与政策；关于革命统一战线的理论与政策；关于革命战争的理论与政策；关于革命根据地的理论与政策；关于建设新民主主义共和国的理论与政策；关于建设党的理论与政策；关于文化的理论与政策。报告全面总结了党运用群众路线的经验，强调了群众路线的重要性。刘少奇《关于修改党章的报告》，第一次对毛泽东思想做了全面、系统、科学的概括和论述，肯定了毛泽东思想在中国革命中的历史地位和作用，全面系统地论述了毛泽东的建党学说，为丰富毛泽东的建党学说作出了杰出的贡献，从而成为中共七大的历史性成就。

从5月21日至23日，继续在大会上发言的还有：冈野进（日本共产党代表）、乌兰夫、朴一禹（朝鲜独立同盟代表、朝鲜革命军政干部学校副校长）、林彪、马风舞、刘澜波、张鼎丞、傅钟和叶剑英。大会发言一共进行10次，有26人讲了话。除两位外国党代表的发言外，其他发言主要是报告一个方面或者一个地区的工作。过去犯过这样那样错误的同志，特别是在路线斗争中犯过严重错误的同志，还结合自己的情况作了检讨。这些发言都贯穿了“团结一致、争取胜利”的精神。虽然各组讨论对一些同志的发言提出了各种意见，但总的来说，这些发言受到了大会的普遍欢迎。

1

2

1_
周恩来作《论统一战线》
的报告
2_
刘少奇作《关于修改党的
章程》的报告

（四）第七届中央委员会产生

在听取了三份报告并讨论了几天后，大会进入了议程的第二阶段，一方面，它总结了对三份报告的讨论；另一方面，也很重要的，转入到酝酿中央委员会的选举。

5 月 19 日，主席团通过了中央委员会选举条例草案，并决定印发各代表团讨论后在大会上通过。

5 月 23 日，主席团与各代表团主任举行联席会议，听取各代表团对选举问题讨论的情况汇报，毛泽东在会上讲了几点意见。

5 月 24 日，毛泽东受主席团的委托，向大会作了关于中央委员会选举方针的报告。毛泽东就选举的标准、要不要照顾到各个方面以及是否应该通晓各方面知识等问题做出了详细而形象的回答。毛泽东的报告对代表们提出的问题做了详尽的解释，大家都支持毛泽东代表主席团提出的选举方针。

5 月 27 日，大会主席团和各代表团主任联席会议，讨论中央委员会选举问题，提出 94 人的预选名单，决定中央委员会由正式中央委员 45 人和候补中央委员 25 人组成。

5 月 30 日、31 日，朱德、毛泽东相继作了军事问题的结论报告和政治报告讨论的总结报告。大会通过了政治报告决议案。

大会休会几天后，6 月 9 日开始选举。正式中央委员与候补中央委员分两次选。这天选举正式中委。6 月 10 日宣布正式中委选举结果。毛泽东、朱德等 44 人当选为正式中央委员。接着酝酿候补中委的选举。在毛泽东作完关于选举候补中央委员的报告后，大会进行选举候补中央委员的投票。

（五）大会闭幕

6 月 11 日，中共七大举行闭幕式。大会基本通过《关于军事问题的决议（草案）》，通过了《中国共产党党章》，并决定

毛泽东在七大闭幕式上致辞——
《愚公移山》

以七大的名义举行中国革命死难烈士追悼大会。最后，毛泽东致闭幕词，这就是以后收入《毛泽东选集》第3卷的《愚公移山》。毛泽东在闭幕词中对七大作了高度评价。他说："我们开了一个胜利的大会，一个团结的大会。代表们对三个报告发表了很好的意见。许多同志做了自我批评，从团结的目标出发，经过自我批评，达到了团结。这次大会是团结的模范，是自我批评的模范，又是党内民主的模范。"[①] 他号召宣传大会的路线，使全党和全国人民建立革命一定要胜利的信心。"下定决心，不怕牺牲，排

①《毛泽东在七大的报告和讲话集》，第234页。

除万难，去争取胜利。”[①] 他讲了中国古代“愚公移山”的寓言，然后说：现在也有两座压在中国人民头上的大山，一座叫作帝国主义，一座叫作封建主义。中国共产党早就下了决心，要挖掉这两座山。我们一定要坚持下去，一定要不断工作，我们也会感动上帝的。这个上帝不是别人，就是全中国的人民大众。

中国共产党第七次全国代表大会作为一次团结、胜利的代表大会载入史册。代表们满怀激情，带着七大提出的战略目标，奔赴各个战场和根据地。在毛泽东正确路线的指引下，很快赢得了抗日战争的胜利。

三、会议的历史意义

中共七大是中国共产党在新民主主义革命时期极其重要的一次，也是最后一次代表大会。这次大会以团结、胜利的大会载入史册，具有十分重要的历史意义。

（一）确定了党的政治路线

中共七大的一个重大历史功绩是确定了党的政治路线。中共七大首次在全国代表大会上描绘新中国的蓝图，提出了建立新中国的宏伟目标，并围绕这一目标制订了一套正确的路线、方针、政策。毛泽东在中共七大上提出“建设新中国”的目标，并上升为党的政治路线：“放手发动群众，壮大人民力量，在我党的领导下，打败日本侵略者，解放全国人民，建立一个新民主主义的中国。”大会向广大党员阐明了，我们党所要建立的新中国，既不应是大地主大资产阶级专政的国家，也不应是民族资产阶级统治的旧民主主义的国家，而应当是工人阶级领导下各革命阶级民主同盟的国家，即新民主主义的国家。中共七大的这条政治路线

①《毛泽东在七大的报告和讲话集》，第 234—235 页。

阐明了全党全国人民的奋斗目标是打败日本侵略者，建立一个新民主主义的中国；阐明了为实现这一奋斗目标，就要放手发动群众，壮大人民力量；阐明了加强党的领导是革命取得胜利的关键。

中共七大关于建立“新中国”的构想，在抗日战争胜利后，由于蒋介石独裁内战而未能得到实现，但它却为新中国国家政权的建立在形式结构上奠定了基础，并提供了一些有益的启示。围绕实现这一目标，中共七大制订了一套正确的路线、纲领、政策。七大以后的革命形势发展表明：这一系列的路线、纲领、政策非常正确。

（二）将毛泽东思想写入党章，确立其在全党的指导地位

确立毛泽东思想为党的指导思想并写入党章，是党的七大的历史性贡献。七大党章提出：“毛泽东思想，就是马克思列宁主义的理论与中国革命的实践之统一的思想，就是中国的共产主义，中国的马克思主义。”“毛泽东思想，就是马克思主义在目前时代的殖民地、半殖民地、半封建国家民族民主革命中的继续发展，就是马克思主义民族化的优秀典型。”

七大确立毛泽东思想为党的指导思想，是近代中国历史和人民革命斗争发展的必然选择。中国共产党成立后，以毛泽东为主要代表的中国共产党人，根据马克思列宁主义的基本原理，经过二十多年的艰苦探索把中国革命实践中的一系列独创性经验进行了理论概括，创造性地发展了马克思列宁主义，形成了适合中国情况的科学指导思想。

毛泽东思想是马克思列宁主义在中国的运用和发展，是被实践证明了的关于中国革命的正确的理论原则和经验总结，是中国共产党集体智慧的结晶。党的许多卓越领导人对它的形成和发展作出了重要贡献，毛泽东的科学著作是它的集中概括。七大以后，全党同志在毛泽东思想的指引下，团结一致，为推进中国革命的进程而努力奋斗。

（三）选举产生了以毛泽东为核心的中央领导集体

七大选举产生了新的中央委员会。其中，中央委员 44 人，候补中央委员 33 人。大会选举的中央领导集体，是经过充分酝酿产生的。在选举过程中，候选人名单先由各代表团小组提出，经过充分讨论后，进行预选，再提出正式候选人名单，最后举行无记名投票选举。以这样的民主方式进行选举，在党的代表大会历史上是第一次。

在随后 6 月 19 日召开的中共七届一中全会上，大会选举毛泽东、朱德、刘少奇、周恩来等 13 人为中央政治局委员；选举毛泽东、朱德、刘少奇、周恩来、任弼时为中央书记处书记；选举毛泽东为中央委员会主席、中央政治局主席、中央书记处主席；选举任弼时为中共中央秘书长，李富春为副秘书长。七大产生的以毛泽东为首的中央委员会，是一个具有很高威信的、能够团结全党的坚强的领导集体，这为夺取抗战胜利和新民主主义革命的胜利奠定了最坚实的组织保证。

（四）系统地总结了历史经验，将党在长期奋斗中形成的优良传统概括为三大作风

党的七大系统而深刻地揭示了中国新民主主义革命发展的规律，对党领导中国革命的三项基本经验，即武装斗争、统一战争、党的建设问题进行了系统的总结。七大把党在长期奋斗中形成的优良传统作风概括为三大作风，即理论和实践相结合的作风，和人民群众紧密联系在一起的作风，批评和自我批评的作风。这是共产党区别于其他政党的显著标志，是使党的路线、方针得以顺利贯彻的根本保证。七大强调：“全心全意地为人民服务，一刻也不脱离群众；一切从人民的利益出发，而不是从个人或小集团的利益出发；向人民负责和向党的领导机关负责的一致性；这

些就是我们的出发点。”“共产党人的一切言论行动，必须以合乎最广大人民群众的最大利益，为最广大人民群众所拥护为最高标准”，反对脱离群众的命令主义、官僚主义等错误倾向。

中共中央政治局扩大会议

（1945 年 8 月 23 日）

抗战胜利后，在美国的扶持下，蒋介石加紧部署内战，但迫于国人对和平建国的呼声以及美苏等大国要求中国稳定的压力，蒋介石开始酝酿并上演了一场“和谈”阴谋。蒋介石于 1945 年 8 月 14 日、20 日、23 日三次向延安发出电报，邀请毛泽东赴重庆进行谈判。面对蒋介石政府的步步紧逼及“和谈”阴谋，1945 年 8 月 23 日，中共中央政治局在延安枣园召开了扩大会议。此次会议最主要的任务就是要深入分析当前局势并且就与国民党进行谈判的有关问题形成决议。

一、会议背景

（一）抗战胜利后美苏对华态度较为多变

战后美国成为实力雄厚的世界头号经济和军事强国。美国是在第二次世界大战中唯一本土没有遭到破坏的国家，而且美国利用战争发大财，促使其经济和军事实力迅速膨胀。此时的美国正在极力构建和推行其对外扩张的一系列策略，通过在世界各地建立军事基地，驻扎军队，扶植各国反动势力，美国的战后势力不断扩大。中国作为美国在亚洲最重要的战略“要地”，美国的对华政策，是企图通过扶植蒋介石集团建立一个能够听命于美国，并且享有大国地位的“亲美”中国，这样不仅可以维护美国的殖民利益，也成为它遏制苏联势力在远东发展的重要手段。为实现这样的战略目的，美国政府给予蒋介石政府极大的援助，同时敦促蒋介石政府以美国为“画像”进行一定的政治改革。为尽快控制中国，美国开始推动国民党和中国共产党展开和谈，而其真正目的在于诱使中共交出军队和政权，参加国民党居主导地位的联合政府，从而达到不战而控制中国的目的。

苏联虽然对中国革命抱有积极的支持态度，但由于饱经战争创伤,此时的苏联领导人对美国及其蒋介石政府的势力有所忌惮，其各种对华政策表明，此时的苏联并不赞成中国人民同美国支持的国民党进行革命的武装斗争。苏联担心因为共产党和国民党之间的对抗所引发的内战，会引起苏美之间的直接对抗；同时，出于维护自身利益的考量，确保美苏《雅尔塔协定》中划分东北的既得利益不受损害，苏联也谋求对美妥协，同时在一定程度上压制中国共产党的革命斗争，希望中国共产党对国民党能够做出一定的让步和妥协。由此可见，苏联在二战后采取的对华政策是十分矛盾的，其表现为既同情支持中国革命，也支持在蒋介石反动势力领导下实现中国统一和稳定。

相较于错综复杂的国际形势，此时的国内局势也是乌云密布。中国共产党在战后既面对前所未有的机遇，也面临着十分严峻的考验。

（二）蒋介石积极抢夺抗战果实，加紧部署内战

抗战胜利后，在美、苏等国际势力的支持下，以蒋介石为首的国民党统治集团，竭力维护大地主大资产阶级的利益，坚持走独裁、内战的道路。国民党政府在全国疯狂抢夺抗战胜利果实，甚至将接收变成了“劫收”，为抢夺抗战成果，蒋介石政府甚至明确要求八路军原地待命，不得接收任何日军、伪军装备，这一切表明,蒋介石政府正在为新的大规模内战做积极的谋划和准备。为迅速完成内战的部署，在日军投降后的第一时间，蒋介石政府

在美国的帮助下，通过飞机、军舰把军队从大后方运输到前线。据统计，从1945年9月到1946年7月，美国海空军共耗资6亿多美元，将国民党军的14个军、8个交通警察总队共计54万余人运送到东北、华北、华东等战略要地。在这种美蒋勾结的情况下，爆发内战的危险已迫在眉睫，中国很有可能丧失革命斗争的成果，重新回到抗战前半殖民地半封建的社会形态。

（三）中国共产党迫切希望实现和平建国

中国共产党在抗战胜利后已经发展成为一个在群众中有着显著威望和斗争经验的政党。在广大的解放区，由于土地改革的推行，广大农民群众在经济上、政治上的状况都得到了极大的改善，在广大群众的拥护下，此时的中国共产党领导的人民革命力量空前壮大，解放区的面积近100万平方公里，人口近1亿，人民军队发展到120余万人，民兵发展到220万人。相较于国民党的独裁道路，中国共产党在战后迫切希望团结带领人民群众建立一个真正独立、自由、民主、富强的新中国。

（四）蒋介石上演“和谈”阴谋

此时国际国内的政治形势表明，在打败日本侵略者之后，中国面临两个前途、两种命运的大决战。

此时种种迹象表明，蒋介石已经明确要用武力消灭共产党及其领导的人民革命力量，但立刻发动全面内战还有一定困难，这主要是因为，经历了饱经残酷战争折磨的全国人民迫切要求和平，各界群众期待能够和平建国，此时发动内战不得人心；在国际上，英、美、苏三国出于自身利益考量，也都表示不赞成中国发生内战；蒋介石的精锐部队尚未完全运到内战前线，发动内战还没有做好准备。

在这种情况下，蒋介石开始酝酿并上演了一场“和谈”阴谋，其最终目的就是要将内战的罪名强加于中国共产党。为实现自己的阴谋，蒋介石于 1945 年 8 月 14 日、20 日、23 日三次向延安发出电报，邀请毛泽东赴重庆进行谈判，“共同商讨”“国际国内各种重要问题”。

蒋介石认为自己率先抛出“和谈”的“橄榄枝”，是在舆论上抢占了先机，这样不仅可以在全国人民面前树立和平建国的良好形象，同时也可以以谈判为烟幕，争取时间加紧运兵，部署内战。蒋介石当时认为如果毛泽东不来重庆谈判，他就可以把内战的责任加在中国共产党身上。即便是毛泽东敢来参加谈判，国民党政府也可以趁机施加压力，在谈判桌上，迫使共产党交出军队和解放区政权。

蒋介石当时一度认为毛泽东是不敢前往重庆参加“和谈”的，至多被逼无奈会派周恩来到重庆周旋，所以，为了将自己推上舆论的制高点，他在 8 月 23 日发出第三封电报再次邀请毛泽东重庆谈判时，显得格外殷勤，当时电报中称：“已准备飞机迎迓，特再驰电速驾！”[①]

二、会议的进程及主要内容

面对蒋介石政府的步步紧逼和“和谈”阴谋，中共中央围绕是否前往重庆参加谈判产生了多种意见，为统一意见，形成共识，1945 年 8 月 23 日，中共中央政治局在延安枣园召开了扩大会议。此次会议最主要的任务就是要深入分析当前局势并且就与国民党进行谈判的有关问题形成决议。

（一）提出和平、民主、团结三大口号

毛泽东在会上分析了抗战胜利后的国内外形势，鉴于当前苏联方面的态度，共产党应该同国民党进行和谈，而且当前的形势

① 张珊珍：《党史必修课》，北京：人民日报出版社，2017 年版，第 106 页。

表明，国民党对于打内战还没有做好充分的准备，加之中国人民对和平建国的呼声以及苏、美、英等国不赞成中国内战的态度，因此，内战是可以避免和必须避免的，和平是可能取得的；同国民党进行谈判，争取通过和平的途径实现中国的社会政治改革是必要的，也是有可能的[①]；为适应新的形势，毛泽东在会上指出“我们党提出的和平、民主、团结三大口号是有现实基础的，能得到国内外的广大同情”[②]。“蒋介石要消灭共产党的方针没有改变，也不会改变。他所以可能采取暂时的和平是由于上述各种条件的存在，他还需要医好自己的创伤，壮大自己的力量，以便将来消灭我们。我们应当利用他这个暂时和平时期”[③]，“准备有所让步在数量上作些让步，以取得合法地位，以局部的让步换取在全国的合法地位，养精蓄锐来迎接新形势”[④]。

（二）明确参加联合政府，推进和平建国

会议确定，今后对待国民党的方针是“蒋反我亦反，蒋停我亦停”，以斗争达到团结，做到有理、有利、有节。通过斗争，迫使国民党在一定程度上接受人民的要求，实施一定的政治改革，以推进国内和平，建立联合政府，逐步实现政治民主化。毛泽东在会上对联合政府的形式也作了较为详细的分析，他指出“七大时讲的长期迂回曲折，准备出现最大困难，现在要实行了”，“中国如果成立联合政府，可能有几种形式。其中一种就是现在的独裁加若干民主，并将存在相当长的时期”[⑤]。对于这种“独裁加

① 中共中央党史研究室：《中国共产党历史（第一卷 1921—1949）》，中共党史出版社 2011 年版，第 680 页。

② 毛泽东：《抗日战争胜利后的新形势和新任务》//《毛泽东文集（第四卷）》，人民出版社 1996 年版，第 6 页。

③ 毛泽东：《抗日战争胜利后的新形势和新任务》//《毛泽东文集（第四卷）》，人民出版社 1996 年版，第 6 页。

④ 毛泽东：《抗日战争胜利后的新形势和新任务》//《毛泽东文集（第四卷）》，人民出版社 1996 年版，第 8、9 页。

⑤ 毛泽东：《抗日战争胜利后的新形势和新任务》//《毛泽东文集（第四卷）》，人民出版社 1996 年版，第 7 页。

若干民主”的政权形式，我们还是要参加进去，“进去是给蒋介石‘洗脸’，而不是‘砍头’”，这就是中共七大时讲的长期迂回曲折的道路，“走这个弯路将使我们党在各方面达到更成熟，中国人民更觉悟，然后建立新民主主义的中国”[①]。

（三）决定毛泽东亲赴重庆谈判

此次会议最为关键的，还是要解决是否参加重庆谈判这一问题。围绕这个问题，当时苏联方面也提出了建议，在会议召开前，斯大林在发给毛泽东的电文中，明确表示希望毛泽东前往重庆，通过和谈来寻求维持国内和平稳定的局面。

当时党内有不少干部对毛泽东重庆之行提出否定意见，很多同志担心蒋介石一旦扣留毛泽东，将给中国革命带来无法估量的损失。

但毛泽东此时对重庆之行已经下定了决心，他深知国人对和平建国的期盼，因此，只要有一线希望实现和平建国，共产党就不能错过，也只有这样，才能在全国人民面前树立起共产党的形象。

会议决定，先派周恩来前往重庆，随后毛泽东再去谈判。毛泽东为赴重庆谈判也作了最坏的打算。毛泽东提出，去重庆谈判期间，由刘少奇代理中共中央主席职务，会议决定增选陈云、彭真为中央书记处候补书记，其目的就是要确保即便在自己和周恩来不在的情况下，书记处还能保持五个人。

三、会议后的相关进展

1945 年 8 月 23 日召开的中共中央政治局扩大会议，不仅正确分析抗战胜利后国内外的新形势，而且根据形势的变化提出了

① 毛泽东：《抗日战争胜利后的新形势和新任务》//《毛泽东文集（第四卷）》，人民出版社 1996 年版，第 7 页。

和平、民主、团结三大口号，这既体现了中国共产党希望和平建国的决心和诚意，同时也提出了现阶段与国民党斗争的具体原则，为抗战胜利后党的工作重心指明了方向。会议决定毛泽东亲赴重庆参加谈判，展现了毛泽东及中国共产党人的惊人胆略以及谋求和平的巨大诚意，树立起了中国共产党代表全国人民利益和愿望的良好形象，从而有力地揭露了蒋介石政府的“和谈”阴谋。

第二天，也就是1945年8月24日，毛泽东向蒋介石发出了第三封回电：

特急，重庆

蒋介石先生勋鉴：

梗电诵悉。甚感盛意。鄙人亟愿与先生会见，共商和平建国之大计，俟飞机到，恩来同志立即赴渝进谒，弟亦准备随即赴渝。晤教有期，特此奉复。

毛泽东敬

一九四五年八月二十四日[①]

8月25日，中共中央根据会议决定，发表了《对目前时局的宣言》，阐明共产党对时局的方针，正式提出和平、民主、团结三大口号。阐明中国共产党关于“在和平民主团结的基础上，实现全国的统一，建设独立自由与富强的新中国”的主张；要求国民党政府立即实施避免内战和实现民主政治等为主要内容的六项紧急措施。鉴于形势的快速发展，8月25日当晚，中央政治局决定：毛泽东、周恩来、王若飞立即赴重庆同国民党进行谈判。

8月26日，中共中央根据会议决议向党内发出通知，进一步阐明了我们党关于参加和平谈判的具体方针：在谈判中我方准备在不损害人民根本利益的前提下作出必要的让步，以便击破国民党的内战阴谋，取得政治上主动地位，取得国际舆论和国内中

① 重庆《大公报》，1945年8月26日。

间派的同情，换得我党的合法地位和和平局面。对谈判结果可能出现的两种局面，中共中央提出对策：如果出现和平发展的局面，我们应当努力学会合法斗争的一切方法；如国民党发动军事进攻，我们就站在自卫的立场上，坚决彻底消灭来犯者。通知告诫全党，绝对不要因为谈判而放松对蒋介石的警惕和斗争；必须依靠自己手中的力量和行动指导上的正确，必须坚决依靠人民[①]。

8月27日，《解放日报》发表了《毛主席决定赴重庆商讨团结建国大计》的消息，毛泽东决定赴重庆谈判的消息在国内外引起了巨大的反响，并由此大大推进了全国争取和平民主的斗争进程。

8月28日，毛泽东、周恩来、王若飞在美国驻华大使赫尔利、国民党政府代表张治中的陪同下，从延安飞抵重庆。毛泽东不顾个人安危，亲赴重庆参加谈判，这一行动充分表明了共产党争取和平民主的真诚愿望和决心，也得到了全国人民的赞扬和拥护。

毛泽东一下飞机，就在机场发表了简短的书面谈话，这段话充分表明了中国共产党谋求和平建国的诚意和决心：

本人此次来渝，系应国民政府主席蒋介石先生之邀请，商讨团结建国大计。现在抗日战争已经胜利结束，中国即将进入和平建设时期，当前时机极为重要。目前最迫切者，为保证国内和平，实施民主政治，巩固国内团结。国内政治上、军事上所存在的各项迫切问题，应在和平民主团结的基础上加以合理解决，以期实现全国之统一，建设独立自由与富强的新中国。希望中国一切抗日政党及爱国志士团结起来，为实现上述任务而共同奋斗。本人对于蒋介石先生之邀请表示谢意！[②]

第二天，重庆、上海，甚至香港各大报纸都刊登了毛泽东的这个书面讲话，反响十分热烈。毛泽东的到来，不仅满载中国共产党和平建国的诚意，同时也寄托着国内各界对和平建国及民主

① 中共中央党史研究室：《中国共产党历史（第一卷 1921—1949）》，中共党史出版社2011年版，第681页。

② 《新华日报》1945年8月28日。

8月28日，毛泽东、周恩来、王若飞在赫尔利、张治中陪同下赴重庆。图为临行前在延安机场合影。左起：张治中、毛泽东、赫尔利、周恩来、王若飞、胡乔木等

政治的期望，所以，毛泽东在重庆受到了极为热烈的欢迎，民主人士柳亚子称赞毛泽东参加重庆谈判乃“弥天大勇”，各界人士在称赞毛泽东的伟大气魄和惊人胆略的同时，也肯定了中共谋求和平民主团结的诚意。[1]

蒋介石可能也没有料到，正是他自己的“和谈”阴谋，亲手将毛泽东捧上了全国舆论的制高点，同时也让国统区民众对毛泽东和中国共产党有了更为真实和全面的了解。

此时谈判虽未开始，但蒋介石却已经输了。

① 张云：《中国历史的大抉择》，上海人民出版社1994年版，第281页。

第五章

走向全国 迎接胜利

中共中央政治局扩大会议

（又称“七届中央政治局扩大会议”）

（1947 年 2 月 1 日）

近代以来中国历史的车轮按照自己的逻辑驶进了 1947 年，这是极不平凡的一年。因为这一年，按照毛泽东当时的说法，“这是一个历史的转折点。这是蒋介石的 20 年反革命统治由发展到消灭的转折点。这是一百多年以来帝国主义在中国由发展到消灭的转折点。”1947 年 2 月 1 日，毛泽东在延安的枣园主持召开了中共中央政治局扩大会议。这次会议是中共中央在延安召开的最后一次政治局会议，也是在全面内战爆发后，人民解放军开始由战略防御转向战略反攻的背景下召开的第一个具有重要意义的会议。参加这次会议的中央政治局委员 8 人，有毛泽东、刘少奇、朱德、周恩来、任弼时、彭德怀、康生、林伯渠；中央委员和候补中央委员 10 人，有郑位三、李先念、曾山、徐特立、王明、廖承志、陈伯达、邓颖超、陈少敏、马明方；党政军重要工作人员 18 人，有李菁玉、刘景范、马文瑞、廖汉生、阎揆要、傅钟、戴季英、钱俊瑞、任质斌、廖鲁言、安子文、冯文彬、师哲、李维汉、贾拓夫、杨尚昆、谢觉哉、胡乔木，共计 36 人。在这次会议上，毛泽东在科学分析了中国革命发展的形势后预言：中国革命的新高潮将要到来，现在是它的前夜。在这一重大战略判断基础上，全党统一了对当前形势和中国革命任务的认识，做好迎接中国革命新高潮的思想和物质准备，极大地增强了全国人民的革命信心。

一、会议召开的背景

1946 年 6 月，全国解放战争爆发后，在中国共产党领导的人民军队以坚强的战斗力很快就粉碎了蒋介石所谓“三到六个月消灭共产党”的政治幻觉，领导全国人民在革命胜利中不断扩大成果，扭转了国共两党的较量态势。到了 1947 年初，中国共产党领导的人民力量虽然暂时在数量上还处劣势，但党领导的人民事业前行的步伐已经成为任何反动的力量都无法阻挡的时代洪流。正是对中国历史发展中已经来临的大变动趋势的认识和把握，中国共产党和广大人民群众不仅在与国民党反革命力量的斗争中推动中国革命走向最后胜利越来越自信，而且还形成了迎接中国革命新高潮的强大共识。

1947 年元旦，《解放日报》发表了毛泽东的《新年祝词》，这是中共中央对 1947 年革命形势的总估计。毛泽东在祝词中强调："一九四七年，包括中国在内的世界各国人民反对美国侵略政策的世界统一战线，将要迅速发展；而中国人民争取民主、自由的运动则将要得到比一九四六年更重要的胜利，其结果，将使中国的情况发生变化，有利于和平的恢复与国家的独立。"毛泽东进一步预言："在不久的将来，自由的阳光一定要照遍祖国的大地，独立、自由、和平、民主的新中国一定要在今后数年内奠定稳固的基础。"[①] 第二天，1 月 2 日，陆定一在《关于战后形势中几个基本问题的解释》一文中，根据毛泽东对国际形势和中国革命发展的估计，指出："可以预断，三年至五年后的中国与世界，其面目将比现时大不相同。全党同志与全中国人民，都应当为一个新中国与新世界而坚决奋斗。"[②] 这鲜明地反映出进入 1947 年后中国共产党对革命形势发展的新的重大判断。

中国共产党对革命形势发展的这一新的重大判断，是建立在当时的三个客观事实基础之上的。一是对国际形势上的科学判断。还在中共七大上，毛泽东就科学分析了战后国际形势的发展，认为在打败法西斯主义国家及其残余势力后，民主力量和反民主力量的斗争将成为国际政治的矛盾。这一矛盾并不是在美国苏联之间，而是美国人民与美国反动派的矛盾、美国与西方阵营其他国家之间以及与殖民地半殖民地国家之间的矛盾。"二战"

①《毛泽东文集》第 4 卷，人民出版社 1996 年版，第 210、211 页。

②《建党以来重要文献选编（1921—1949）》第 24 册，中央文献出版社 2011 年版，第 19 页。

结束后国际政治的发展充分证明了毛泽东的判断，也有力地驳斥了对苏战争和所谓的第三次世界大战的错误论调。二是国内军事形势开始出现了有利于人民解放军的转变。从 1946 年 7 月到 1947 年初，歼灭了进攻解放区的国民党军队 56 个旅，平均每月歼敌 8 个旅，占到了进攻解放区的 218 个旅的四分之一多，共计有 70.8 万人。三是国民党统治区的人民民主运动持续发展和高涨。由于国民党勾结美国的一系列反动政策，激起了国统区人民的强烈反抗。1946 年 12 月北平爆发了抗议美军暴行运动，迅速席卷了全国，以反对美国和蒋介石的第二条人民民主战场更加迅猛地发展。国内政治形势也开始发生了更加有利于中国共产党和中国人民的转变。

在上述形势下，就在国民党还在疯狂加紧对中国共产党领导下的解放区军事进攻的同时，毛泽东却开始敏锐地感觉到新的历史变动的来临，感觉到经过一年的斗争“中国新的反帝反封建斗争的人民大革命毫无疑义地将要到来，并可能取得胜利。”[①]这就为 1947 年的“二月会议”提供了重要的认识基础和政治基础。

二、会议的主要内容

1947 年 2 月 1 日举行的中共中央政治局扩大会议，虽然只有一天的时间，但却取得了重要的会议成果：

第一，会议通过了毛泽东为中共中央起草的党内指示《迎接中国革命的新高潮》。这一党内指示分析了解放战争一年来军事、政治、国际形势的发展变化，郑重地向全党宣告：“目前各方面情况显示，中国时局将要发展到一个新的阶段。这个新的阶段，即是全国范围的反帝反封建斗争发展到新的人民大革命的阶段。现在是它的前夜。我们党的任务是为争取这一高潮的到来及其胜利而斗争。”[②]在此基础上，会议要求全党在今后的斗争中注意

①《建党以来重要文献选编（1921—1949）》第 24 册，第 65 页。

②《建党以来重要文献选编（1921—1949）》第 24 册，中央文献出版社 2011 年版，第 64 页。

三个问题：一是军事问题。今后的军事建设的中心任务是用一切努力来加强炮兵和工兵的建设，为此各大小军区、各野战兵团的主要任务是解决训练干部和制造弹药两项任务。二是土地问题。在还没有实现耕者有其田的地方，必须于今后继续努力，放手发动群众，实现耕者有其田。在已实现耕者有其田的地方，进一步放手发动群众，解决土地分配不彻底的缺点。三是生产的问题。做长期打算，努力生产，厉行节约，并在生产和节约的基础上，正确地解决财政问题。坚持发展生产，保障供给；军民兼顾，公私兼顾；统一领导，分散经营的原则。虽然中国革命出现了新的光明前景，但是由于中国反帝反封建斗争的长期性、中外反动派加强反对统治、部分的革命力量可能暂时遭受损失、在长期战争中人力物力的消耗等因素，因此指示要求："全党同志都必须充分地估计到，并准备用百折不回的毅力，有计划地克服所有的困难。反动势力面前和我们面前都有困难。但是反动势力的困难是不可能克服的，因为他们是接近于死亡的没有前途的势力。我们的困难是能够克服的，因为我们是新兴的有光明前途的势力。"[1]

第二，从中国革命发展史高度总结了中国革命的发展规律。毛泽东在会议上的讲话中，对《迎接中国革命的新高潮》进行了说明，这一说明，其实也是毛泽东联系 1947 年的中国革命新高潮，对中国革命发展规律的总结。从 20 世纪以来中国革命发展来看，有过三次革命高潮，即辛亥革命、北伐战争、抗日战争，加上 1947 年出现的革命新高潮，一共是四次。四次革命高潮都是由半殖民地半封建社会的主要矛盾的激化和发展所客观决定的。毛泽东指出："党的六次大会的决议提出两个基本矛盾没有解决，现在仍未解决，因此革命高潮不可避免地要到来。"[2]而且，各次革命高潮都有一个共同的特点，就是"都带有民族性，都是反帝的，这次是反对美帝国主义。"[3]毛泽东的这一科学分析，把 1947 年刚刚开始出现的中国革命的高潮放在整个中国革命史

①《建党以来重要文献选编（1921—1949）》第 24 册，中央文献出版社 2011 年版，第 69 页。

②《建党以来重要文献选编（1921—1949）》第 24 册，中央文献出版社 2011 年版，第 71 页。

③《建党以来重要文献选编（1921—1949）》第 24 册，中央文献出版社 2011 年版，第 70—71 页。

的背景下来看待，使全党在把握 1947 年中国革命形势的同时，也深化了对中国革命发展的规律性认识。

第三，阐述了在解放战争中中国共产党新的土地政策。在解释党内指示关于土地政策规定时，毛泽东进一步阐述了中国共产党新的土地政策。毛泽东指出，在已经分过土地的地方，如果多数人没有分到土地，只是少数人得到，应该重新分配土地。“要使农民同地主撕破脸，而不是和和气气，对地主打了再拉，不打只拉就不好。现在有一批干部实际上站在地主方面，应该对他们进行教育。要使司令部、专署、地委在思想上站在农民群众方面，过去没有对他们进行教育，是我们工作中的缺点，他们怕违反政策。”[①]毛泽东的这一论述在 1946 年 5 月 4 日中共中央发布的《关于土地问题的指示》，即《五四指示》的基础上，进一步明确了没收地主的土地分配给无地和少地的农民的土地政策，为 1947 年 9 月制订的《中国土地法大纲》提供了直接的政策基础。

第四，会议在全党凝聚起了高度的共识，即迎接革命新高潮、准备应对新困难。在会议上，刘少奇强调要认真研究中国革命新高潮即将到来的形势趋向，统一思想认识，做好各方面的准备。他说：“最近我们在军事上取得许多胜利。现在蒋介石在鲁南与我决战，如在鲁南再歼灭蒋军两三个师八九个旅，则全局即将变化。在政治上国内外形势也有利，蒋的伪国大宪法、‘和平’攻势均未达到目的，美国陆战队要撤，片面放手援蒋亦困难，蒋区群众运动大发展。这些都表明中国大革命高潮要来。我们要研究这个形势，做好各方面的准备。”[②]朱德在会上的发言中也表达了对革命新高潮到来的充分信心，指出：现在到了打出去的时候了，准备工作要做好。革命高潮的基础仍然是土地革命，土地问题解决得越彻底，我们胜利的把握愈大，内无后顾之忧，外有发展之途。去年最大的成绩就是土地改革，否则战争的进行没有那么顺利。东北能够站稳脚跟，也是靠土改。我们打这么大的仗，

①《建党以来重要文献选编（1921—1949）》第 24 册，中央文献出版社 2011 年版，第 72—73 页。
②《刘少奇年谱（1989—1969）》下卷，中央文献出版社 1996 年版，第 63—64 页。

不断有饭吃，就得靠土改。土改问题不解决，其他问题就无法解决。土改要一村一村地搞。你来打，我就打运动战；你不来，我就搞土改。部队打出去以后，处理打仗就是去解决农民的土地问题[①]。周恩来在会议上的发言着重分析了蒋管区人民运动，指出这是第二战场。反美斗争发展很快，从工农到民族资产阶级都不满意美帝国主义。人民已经知道内战的责任在国民党方面，和平民主的口号一步步为人民接受。现在看蒋介石是可以打倒的。但在宣传上要有保留，要使人民知道只有从自卫战争中才能得到生存和独立。现在关键是自卫战争的胜利。国民党腐败已极，他的兵工厂在美国。我们的“兵工厂”在前线[②]。这些表明，在会议上党对中国革命的新阶段和新形势新任务达成了高度的共识。因此，参加会议的同志一致认为毛泽东起草的中共中央指示，对形势的预测是正确的，及时向全党指出这个形势是必要的，同意立即向党内下发这个指示。会后，《迎接中国革命的新高潮》这个文件应该在党内广泛散发。

除了《迎接中国革命的新高潮》的党内指示以及毛泽东对《迎接中国革命的新高潮》进行的说明这两个重要文献外，会议还通过了《中共中央关于不承认蒋政府一切卖国协定的声明》《收复区某些分子奖惩问题的指示》这两个文件。《中共中央关于不承认蒋政府一切卖国协定的声明》指出：“中共中央发表关于不承认蒋政府一切卖国协定的声明，指出 1946 年 1 月 10 日以后由国民党政府单独成立的一切对外借款，一切丧权辱国条约及一切其他上述的协定、谅解，与今后未经政治协商会议通过或未经征得本党和其他参加政治协商会议各党派同意的一切同类对外谈判，本党在现在和将来均不承认，绝不担负任何义务。”[③] 周恩来就此声明备函分别送各国驻华使节和参加政协各党派及政协各会员。

① 吴殿尧编：《朱德年谱（新编本）》中卷，中央文献出版社 2016 年版，第 1248—1249 页。

②《周恩来年谱（1898—1949）》，中央文献出版社、人民出版社 1989 年版，第 718 页。

③《周恩来年谱（1898—1949）》，北京中央文献出版社、人民出版社 1989 年版，第 718—719 页。

三、会议的意义和影响

作为延安时期最后一次政治局会议，1947 年 2 月中共中央政治局扩大会议对中国革命的最后胜利产生了重要的影响。

第一，这次会议敏锐地观察到解放战争进程中出现的新的历史变动，在精神上武装了全党。这次会议系统地总结了全面内战爆发以来形势的发展、国共双方情况的变化和中国共产党的工作经验，在敌我双方力量对比尚未根本改变、国民党尚有战略进攻能力的情况下，“特别是当时我军还不强大，在数量上还处于劣势，而国民党反动派的力量还很强大，还处于优势地位”[①]的情况下，根据社会矛盾的发展明确地做出人民大革命高潮即将到来的科学判断，这对于鼓舞全党全军的必胜信心，是非常重要的。会议针对如何彻底粉碎敌人的进攻，加速人民解放战争的胜利进程进行了讨论，所提出的符合实际、切实可行的各项政治、经济和军事方针为做好迎接中国革命新高潮的各项准备，发挥了重要作用。这正如毛泽东在对《迎接中国革命的新高潮》说明时所指出的那样，“指出革命高潮一定要到来这一点，使全党了解并从思想上、工作上、组织上预做准备，那么在这次高潮中我们就可能取得胜利。”[②]

第二，从军事、经济、政治等各个方面明确了在中国革命新高潮阶段党的政策主张。在军事上强化了新的高潮阶段对敌人开展军事斗争的新的要求和新的特点。在经济上，特别是在土地政策方面进一步明确了没收地主土地的政治经济主张，紧紧地把广大人民群众团结在党的周围，为人民解放战争的胜利奠定了磅礴的群众力量基础；在政治上，继续强调“三三制”和争取民主党派、中间人士的重要性，但又指出要牢牢坚持党的领导权，指出

① 胡乔木：《胡乔木回忆毛泽东》，人民出版社 2014 年版，第 477 页。

②《建党以来重要文献选编（1921—1949）》第 24 册，中央文献出版社 2011 年版，第 73 页。

"凡是分掌领导权的都搞不好。"[①]这一重要认识进一步推动了中国共产党对人民民主专政理论和实践的政治探索。

第三，展现出了中国共产党领导中国人民在征服困难中赢得胜利的智慧和能力。"二月会议"在对中国革命发展形势做出新的判断的同时，对前进道路上的困难进行了充分估计。一方面，会议在战略上藐视敌人，指出美帝国主义及其走狗蒋介石的强大仅仅是暂时的，他们的进攻是可以粉碎的，同时，会议又指出了前进道路上的困难，号召全党用百折不回的毅力，克服所有困难，强调在战术上重视敌人，要把革命战争的战略与战术、革命乐观主义和实事求是的态度充分地结合在一起。正如胡乔木所说的："毛主席作为中国共产党的领袖和伟大的马克思主义理论家，他的英明之处就是善于透过表面现象抓住事物的本质，对时局能做出清醒的估量，能预见到事物的发展和变化，因势利导地组织和调动一切力量，促成事物由量变转为质变，一步步地使中国革命走向新的高潮。"[②]

小河会议

（1947年7月21日至23日）

1946年6月26日，以围攻鄂豫皖边宣化店为中心的中原解放区为起点，国民党不顾全国人民的强烈反对，相继在苏中、苏北和皖中、皖北、胶济路及其两侧、冀东等地向解放区展开大规模进攻。中国大地重又笼罩在全面内战的战火之中。中共中央确定用自卫战争粉碎国民党军队进攻的方针，解放区军民奋起反击国民党的军事进攻。从1946年7月到1947年6月，人民解放军在第一年的作战中共计歼灭国民党正规军97.5个旅，78万人，

①《建党以来重要文献选编（1921—1949）》第24册，中央文献出版社2011年版，第74页。

② 胡乔木：《胡乔木回忆毛泽东》，人民出版社2014年版，第477页。

平均每个月歼敌 8 个旅；连同非正规军，共计歼敌 112 万人；国民党军队的总兵力已由战争开始时的 430 万人减至 373 万人，其中正规军由 200 万人减至 150 万人；第一线的突击兵力已下降到仅为战争开始时总兵力的 34%。由于重兵深陷山东、陕北战场，两战场间的鲁西南、豫皖苏直至大别山区的兵力十分空虚，形成两头强、中间弱的哑铃状布局。

与此相反，中国共产党领导的各解放区已经度过初期的困难局面，表现出总体实力的全面上升。到 1947 年年中，人民解放军的总兵力已由 127 万人增加到 195 万人，野战军已由 61 万人增加到 100 万人以上。7 月 7 日，中共中央发布纪念抗战十周年口号，将中共领导的武装力量称为人民解放军。相应地，中共中央将正在进行的这场战争称为解放战争。

一、小河会议召开的背景

中共中央自 1947 年 3 月 18 日撤离延安后，毛泽东、周恩来、任弼时率领中共中央和人民解放军总部一直留在陕北。在物资供给极端困难和与敌周旋十分险恶的环境里从容不迫地指挥着各战场的作战。中共中央的这一胆略与决策极大地鼓舞了全国各解放区军民的战斗意志和必胜信心。6 月 17 日，中共中央第二次入住靖边县的小河村。根据解放战争形势的发展，毛泽东等中央领导人对人民解放军一年来的作战和今后的作战任务及战略方针进行了深入的思考。中共中央决定以部分解放军主力打出外线，吸引和调动敌人，将战争引向国民党统治区，开始全国性的战略反攻。

早在 1947 年初，中共中央就在筹划人民解放军的战略出击。1 月 2 日，中央军委致电刘伯承、邓小平、薄一波、滕代远，指出战略出击须在 6 月或更迟一点，但各项准备工作必须分别轻重缓急开始进行。5 月 8 日，中央军委电示刘伯承、邓小平，刘邓野战军如能在冀鲁豫、豫皖苏和中原地区长期立足，全军应有充

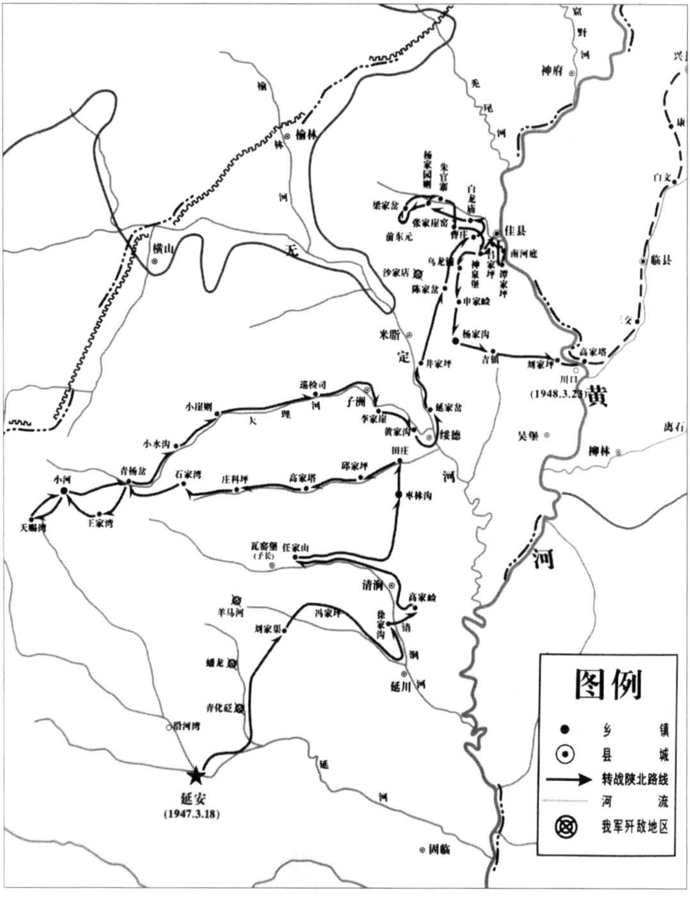

毛泽东和中共中央机关转战陕北路线图

分的政治动员及干部、经费等的充分准备。为适应挺进中原的需要，5 月 16 日，中共中央批准成立中原局，以邓小平为书记。6 月 10 日，刘伯承、邓小平在安阳石林村召开各纵队指挥员会议传达中央军委关于出击中原的指示。讨论部署出击中原的各项工作。会议决定由刘伯承、邓小平率领第一、第二、第三、第六共 4 个纵队 11 个旅实施南下作战。6 月 30 日夜，刘邓大军 12 万人以“攻其不备，出其不意”之势突破国民党军黄河防线。这标志着人民解放军胜利揭开了战略进攻的序幕。

二、小河会议的内容

为了总结人民解放战争一年来的经验，讨论和部署人民解放军由内线防御转入外线进攻的一系列重大问题，7 月 21 日至 23 日，毛泽东在小河村主持召开了中共中央扩大会议。

小河村位于靖边县城东南 30 多公里一条南北走向的沟壑内。两侧是陡峭的红胶泥崖，谷底深处是茂密的杨树、柳树、槐树。小河村就掩映在东侧半山腰的树林之中。会议是在毛泽东等居住的院子里一个临时用树枝和草席搭成的凉棚下举行的。参加会议的除中共中央书记处书记周恩来、任弼时外，还有中央部门和西北地区领导人陆定一、杨尚昆、彭德怀、贺龙、习仲勋、贾拓夫、张宗逊、马明方、王震、张经武，还有从晋南前线赶来的陈赓。从出席会议的 14 人中西北党、政、军、财方面的负责人就有 8 人来看，西北战场问题显然是这次会议的重要议题。会议从 21 日下午开始举行，到 23 日下午结束，一共开了三次会，每天上午则是与会人员自由交谈。

此次中共中央扩大会议的酝酿早在 6 月 15 日就已开始。会议最初的主题是讨论晋冀鲁豫野战军第四纵队（司令员陈赓、政治委员谢富治，也称陈谢纵队）到陕北战场配合作战的问题。6 月 30 日，刘邓大军一举突破国民党军的黄河防线，迅速控制了黄河南岸的广大地区，并于陈毅粟裕大军夹运河东西呼应。这期

毛泽东与机要人员在靖边县小河村合影

间，中央领导人召见绥德分区负责同志，得知陕北地区筹集粮食甚为困难。鉴于上述情况，中共中央决定改变在陕北地区打大仗的计划，对陈谢纵队的使用方向产生了新的考虑。会前，中央领导人已经分别同先后到达小河村的彭德怀、贺龙研究了陈赓纵队的使用方向。7 月 19 日，陈赓到达小河村的当天，毛泽东、周恩来、任弼时听取陈赓的汇报后正式作出决定，陈赓纵队下一步的使用方向由西渡黄河加入陕北战场改为南渡黄河挺进豫西，并于当日以中央军委名义电告刘伯承、邓小平、徐向前等："为着协助陕甘宁击破胡宗南系统，同时协助刘、邓经略中原，决将陈谢纵队使用方向改为渡河南进"。[①] 陈赓后来回忆这一情况："毛主席和周恩来同志说明了这些情况和中央的决策，改变了要我四纵队增加到陕北战场的原议，决定以四纵、九纵、三十八军组成一个兵团，挺进豫西，配合主力作战。对于挺进豫西的行动，毛主席

①《毛泽东军事文集》第四卷，军事科学出版社、中央文献出版社 1993 年版，第 143 页。

给了极重要的指示。毛主席指出，刘邓率领我野战军主力挺进大别山，一定搞得敌人手忙脚乱，到处调兵去追堵；胡宗南又被牵在陕北，深入绝境。豫西敌军不多，是个空子，师出豫西是有战略意义的。进去以后应当放手发展，东向配合刘邓、陈粟，西向配合陕北，东西机动作战，大量歼灭敌人，开辟豫陕鄂根据地。主席还向我讲了'破釜沉舟'的故事，要我们以最大的决心和勇气打出去"。[①]

7 月 21 日会议开始后，毛泽东第一个讲话。他首先告诉大家，西北战场原先打算由西北野战兵团和陈赓纵队两部集中起来打胡宗南，前几天中央几个同志同彭总、陈赓一起研究，鉴于陕北的粮食困难，又考虑到陈赓部南进豫西、陕南更有利于从外线钳制胡宗南军和配合刘邓大军挺进中原，因此决定陈赓部南渡黄河作战。今年我们只能削弱胡宗南，到明年七月可以造成消灭胡宗南的条件。现在我们有主力军九十万，地方军六十万，如果能把主力军发展到一百五十万，就足够解决问题。毛泽东还指出，陕甘宁边区在军事上和财政上都以依靠晋绥边区为主，今后更是如此，因为战争使陕甘宁边区的地方和人口缩小了。现在决定晋绥、陕甘宁两区合并，由贺龙以陕甘宁晋绥联防军司令员的资格统一指挥，解决统一后方、实行精简节约、开展地方工作三个问题。

接下来，在讲到解放战争的形势时毛泽东提出了一个他考虑了很久的规划。他说："对蒋介石的斗争，计划用五年的时间来解决，从过去这一年的成绩来看是有可能的。山东的局面最近可以转变，陕甘宁边区还不能，但基本上停止了敌人的进攻，这就为以后转变局面打下了一个基础"；"对蒋介石的斗争计划用五年的时间来解决，现在不公开讲出来，还是要准备长期斗争，五年到十年甚至十五年，而不要像蒋介石那样，先说几个月消灭共产党，后来又说还要几个月，到现在又说战争才开始"。[②]毛泽东还把加强统一战线作为一个十分重要的问题提出来。针对党内

① 陈赓：《挺进豫西》，《人民日报》1961 年 1 月 1 日。

②《毛泽东文集》第四卷，人民出版社 1996 年版，第 266、267 页。

有人认为解放战争时期的人民民主统一战线的社会基础不如抗日战争时期那样广泛的错误看法，他说：日本投降后我们同蒋介石进行的和平谈判是必要的，虽然没有达到政治解决问题的目的，但确实教育争取了群众，扩大了统一战线。现在统一战线的成分有了变化，减少了一部分，增加了一部分。减少的是解放区的地主，因为现在我们要进行土地改革。增加的是中间派，这些人在抗战时期还相信蒋介石，现在则与我们共同抵制蒋介石的国民大会，这是十年内战时期所没有的。十年内战时期我们犯过“左”的错误，一是在土地革命中地主不分田、富农分坏田，现在我们是一律平分；二是在城市中没有建立统一战线，不团结民族资本家，现在我们是打倒官僚资本而保护民族工商业。

接着，中央军委副主席周恩来通报了解放战争第一年的战绩，分析了敌我双方力量对比的消长趋势。他说：过去一年内蒋军有了极大的变化。从建制人员、武器说，都损失了约三分之一，从质量说，不止降低三分之一。敌军在去年七月至十月，占领解放区一百零四座城市，兵力分散；十一月至今年二月，敌军逐渐集中兵力，但在此期间我歼敌最多，城市则得失相当；三月至六月，敌军攻势已成弩末，仅在山东、陕北两处进攻，在其他各处我都转入反攻，得城市 62 个。人民解放军在去年停战时，主力、地方部队共 140 多万；复员中减少一些；七月大打后又陆续增加，连后方机关共达 190 多万人，已超过解放区的负担能力。所以，今后发展必须求之于新区，主力的发展则求之于地方部队的升级。

毛泽东和周恩来的讲话，给与会者以极大的鼓舞。大家加深了对战争全局的了解，增强了对中共中央提出的军事计划和战略决策的认识和信心。

为了保证后方对前线的支援，建立巩固的后方基地，会议从第二天起着重研究陕甘宁、晋绥两个解放区的地方工作和西北局的工作。彭德怀、习仲勋、贺龙及西北局副书记马明方、西北财经委员会副主任贾拓夫等分别围绕陕甘宁、晋绥两解放区的地方工作和西北局的工作及土地改革、财政经济、后勤供应上的种种矛盾和不良现象作了发言。任弼时在会上介绍了陕北土改的一些情况，提出要保护中农以及如何斗争地主、加强群众团体的问题。贺龙发言指出，陕甘宁和晋绥两个边区党和军队早就统一了，就是财政和行政不统一。如果不加以统一，就很难支持目前的战争，并就两个边区统一的问题谈了自己的看法。习仲勋特别就陕甘宁边区土改中出现的问题谈了自己的看法，认为在土改中有损害中农和民族工商业利益、乱斗乱打、抓"化形地主"等偏向，必须纠正，否则对战争和发展经济都不利。对于毛泽东提出的把晋绥和陕甘宁边区合在一起，习仲勋表示坚决拥护。多年后，他在谈起这件事时还说："不合，仗难打胜，没有这个会议，前后方不能一体化。会后就一体化了。前方打仗，俘虏带回来也有了地方。兵员补充、粮食弹药都靠晋绥。没有两区统一，就不可能取得只经一年又一个月就收复延安的胜利。"在习仲勋等人发言时，毛泽东还插话说，西北局的领导应该增加魄力，对错误采取尖锐、严肃的态度，加强具体领导，以达到团结同志和团结群众的目的。陕甘宁这个区域有几个有利条件便于团结群众坚持斗争：第一，有本地领导骨干。这个边区是土地革命时期留下的唯一的一个区域，保存了几千干部，大多数干部是好的。第二，有政治上可靠的军队。第三，人民是好的。第四，保留了土地革命时期老区的许多好的工作作风。有了这些条件，敌人是可以被战胜的。

在会议期间的插话中，毛泽东着重谈了解放区的土地改革问题。他指出："土地政策今天可以而且需要比五四指示更进一步，因为农民群众要求更进一步，如土地推平。平分土地是一个原则，但按情况不同可以有某些伸缩，如对杜斌丞、侯外庐，但对共产党员不应该有例外。中农的土地应该不动，但在群众运动的大潮流中和中农同意的情况下，要富裕中农拿出少许土地也是许可的，这种做法不要正式写在文件上。"① 毛泽东还说："处处从全面、长期着想，这一个口号非常重要，要在全党全军中去解释。敌人

①《毛泽东文集》第四卷，人民出版社 1996 年版，第 270—271 页。

把取胜放在我们不能长期支持这一点上。我们的对策就是主力转入外线，内部精简节约。各个边区要实行简政，降低生活水平，从干部讲起。”①

出席会议的彭德怀也表示完全赞同中共中央军委和毛泽东的战略决策。他说，拥护两个区统一，这很必要；财政统一也很重要。精简节约非厉行不可，以九十万人养九万人，甚至不能维持三个月。财政工作中存在从财政而不从经济出发，从干部而不从人民出发的错误偏向。对于战争，他说有人对胜利仍抱着侥幸心理，在领导机关中也存在，寄希望于陈赓部来陕，而不认真准备艰苦奋斗，这种思想必须切实解决。根据 2 月间中共中央关于在军队中组织党委会的指示，结合西北野战兵团的实际，彭德怀在会上提出在西北野战兵团成立党的前线委员会，以讨论重大方针政策和执行战略任务。毛泽东当场表示同意。

三、小河会议的意义

小河会议做出的各项决定立即得到了贯彻落实。会议最后一天，毛泽东为中央军委起草致刘伯承、邓小平、陈毅、粟裕、谭震林和华东局电，建议刘邓野战军下决心不要后方，以半个月行程直出大别山；陈毅、粟裕、谭震林率鲁中兵力并在刘邓部到达大别山后指挥陈士榘、唐亮纵队担负整个内线作战任务；陈赓、谢富治兵团到豫西后受刘邓指挥作战。7 月 31 日，中共中央军委决定，西北的野战部队正式定名为人民解放军西北野战军，彭德怀为司令员兼政委，习仲勋为副政委；批准成立中共西北野战军前委，由彭德怀、习仲勋、张宗逊、王震、刘景范五人组成，彭德怀为书记。8 月 7 日，刘伯承、邓小平部出敌意料地兵分三路大踏步长驱南下，提前实现“不要后方”的千里跃进大别山。抗日战争胜利后从陕甘宁晋绥联防军分出去的晋绥军区重新并入了陕甘宁晋绥联防军，由贺龙任联防军司令员，习仲勋任政治委

①《毛泽东文集》第四卷，人民出版社 1996 年版，第 270 页。

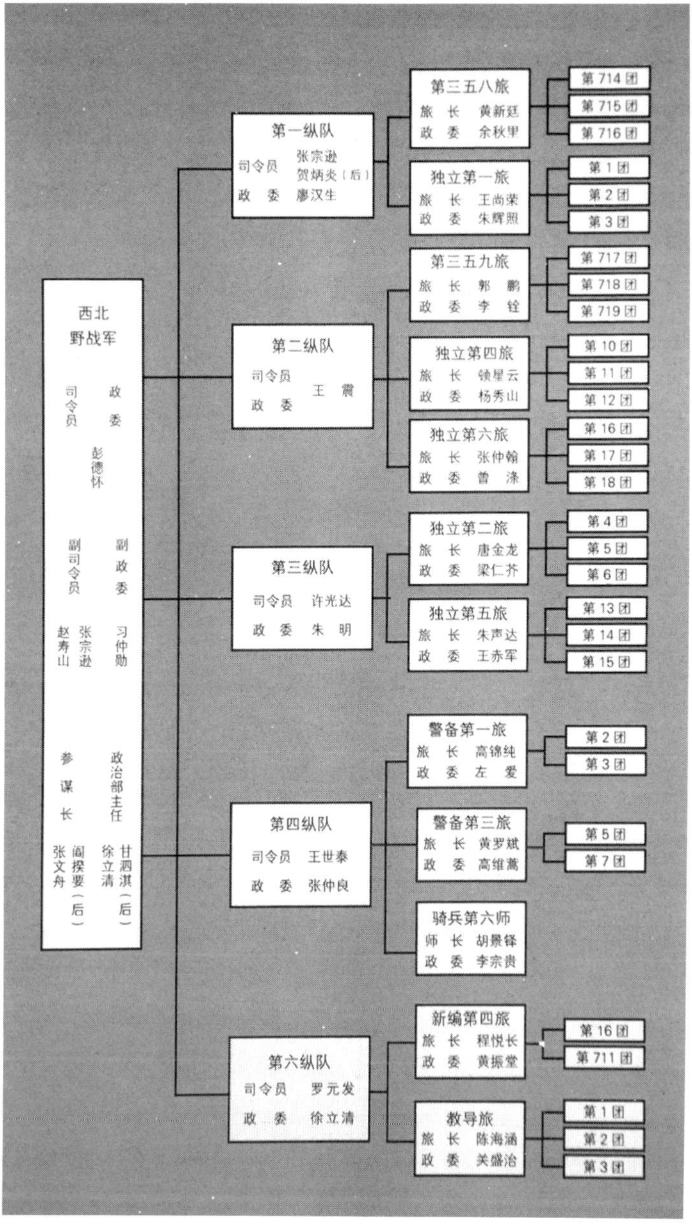

中国人民解放军西北野战军序列

员，统一领导陕甘宁和晋绥两个解放区的地方武装。贺龙还兼任西北财经委员会和财经办事处主任，统一领导这两个解放区的地方工作和财经工作，以加强陕北作战的后勤支援。

小河会议是全国解放战争处在伟大转折关头召开的一次重要会议。会议分析了全国战场形势，总结了过去一年的作战经验，根据战局的变化调整了战略部署，对于形成“中央突破、两翼牵制、三军挺进、互为犄角”的战略进攻态势具有重要的指导意义。会议虽然没有做出正式决议，但为中共中央年底在米脂县杨家沟召开的扩大会议做了重要准备。出席过此次会议的习仲勋多年后撰文指出：“小河会议是在全国解放战争处在伟大时刻召开的，这次会议形成的指导人民解放军大举出击，经略中原，发展战略进攻的正确方针和加强西北战场的重要措施，反映了毛泽东等中央领导人关于把中央的决心与前线指挥员的见解有机结合起来的战争指导艺术。对我军在陕北战场迅速转入战略进攻，解放大西北，夺取全国解放战争的胜利有着重要的历史意义。”①

会后不久，胡宗南侦知西北解放军主力正从陇东向陕北的榆林附近集结，遂命令整编第一军刘戡部向北推进，其一部已逼近小河村所在的靖边县一带。8 月 1 日，毛泽东等率领中央机关离开小河村，沿大理河向东转移，逐步向西北野战军总部所在地靠拢。

中央十二月会议

（1947 年 12 月 25 日至 28 日）

一、十二月会议召开的背景

按照中共中央的部署，人民解放军各路大军在 1947 年 7 月

①《习仲勋传》上卷，中央文献出版社 2013 年版，第 522 页。

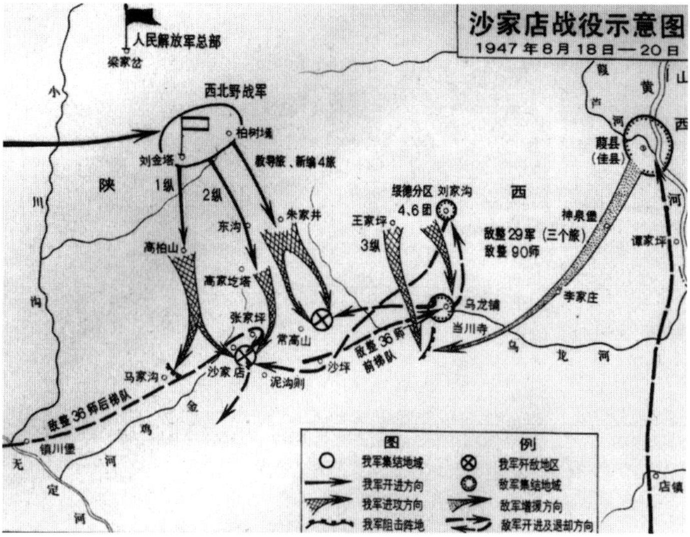

沙家店战役示意图

至 9 月间相继由内线转入外线，由战略防御转入战略进攻。到 1949 年年底，战争已经主要是在国民党统治区进行，国民党军队被迫由战略进攻转为全面防御，从而结束了长期以来人民军队在革命战争中总是处于战略防御的地位。这是一个出乎人们预料的伟大事变。这一战略性转折标志着中国革命战争已经到了一个新的历史转折点。毛泽东曾指出：“这是一个历史的转折点。这是蒋介石的二十年反革命统治由发展到消灭的转折点。这是一百多年以来帝国主义在中国的统治由发展到消灭的转折点。”①

在国民党军重点进攻的陕北战场，1947 年 8 月 20 日至 21 日，西北野战军发起沙家店战役，歼灭胡宗南部整编三十六师 6000 多人，一举扭转陕北战局。此役过后，胡宗南部已再无力发动进攻，陕北局势转危为安。9 月 23 日，毛泽东和周恩来、任弼时等转战到佳县神泉堡。在这里，毛泽东起草了《中国人民解放军宣言》，公开提出“打倒蒋介石，解放全中国”的目标和“打倒

①《毛泽东选集》第四卷，人民出版社 1991 年版，第 1244 页。

蒋介石独裁政府，成立民主联合政府”的政治纲领。10月10日，南京政府的国庆节这一天，新华社向全国、全世界公布《中国人民解放军宣言》，第一次郑重提出“打倒蒋介石，解放全中国”的口号，立即在全国上下以至国际社会引起了巨大轰动。此时，中共三路大军出击外线已在中原站稳脚跟。

11月22日，毛泽东、周恩来、任弼时等率领中央机关来到米脂县杨家沟。在陕北，米脂县是经济文化比较发达的地区。杨家沟坐落在县城东四十里处的山区，全村二百七十多户人家，这里不通大道，偏僻安静，容易保密，窑洞较多，便于居住和召开较大的会议。中共中央转战陕北八个月之久，到这时才获得了一个较为安定的居住环境。

二、十二月会议的内容

在人民解放军节节胜利的声浪中，在中国革命进入高潮的形势下，为彻底打败国民党，全面制定党的行动纲领，准备夺取全

1947年12月毛泽东在陕北米脂县杨家沟

国胜利，1947年12月25日至28日，毛泽东在米脂县杨家沟主持召开中共中央扩大会议。因这次会议是在12月召开的，习惯上称作“十二月会议”。参加会议的除中共中央书记处书记周恩来、任弼时外，还有陆定一、彭德怀、贺龙、林伯渠、张宗逊、习仲勋、马明方、叶剑英、张德生、甘泗淇、王维舟、李井泉、王明、谢觉哉、李维汉、赵林、李涛等人。会议的筹备工作由周恩来和任弼时主持。他们广泛收集了情况，准备了资料，分别对军事形势和各解放区执行《土地法大纲》的情况和土地改革中的具体政策做了深入的调查研究。毛泽东则用很大精力起草会议的主题报告《目前形势和我们的任务》。

十二月会议分为两个阶段。从12月7日至24日先召开了预备会议，与会者分成政治、军事、土改三个小组对有关问题进行了充分的酝酿和讨论，毛泽东也把《目前形势和我们的任务》的书面报告发给大家讨论。他非常重视这个文件，反复思考，修改过多遍。当把原稿交给秘书抄写时，他还书面提出五条要求：不要写错字，不要写草字，不要写怪字，不要写别字，不要写简字。12月25日至28日召开了正式会议。

《目前形势和我们的任务》是一个纲领性文件。它是在中国革命战争已达到一个历史转折点的时刻，在中国共产党已经响亮地宣布“打倒蒋介石，建立新中国”的庄严目标的情况下提出来的。它所要回答的问题是：怎样打倒蒋介石，怎样建立一个新中国。十二月会议主要讨论并通过毛泽东的《目前形势和我们的任务》的书面报告。毛泽东在报告中深刻分析了国际国内形势，阐明了彻底打败蒋介石、夺取全国胜利的军事、经济、政治等方面的方针和政策。

在军事方面。为了把解放战争进行到底，实现打倒蒋介石的目的，毛泽东总结了中国人民革命战争特别是十八个月以来解放战争的作战经验，提出了著名的十大军事原则。报告写道，“我们的军事原则是：（1）先打分散和孤立之敌，后打集中和强大之敌。（2）先取小城市、中等城市和广大乡村，后取大城市。（3）以歼灭敌人有生力量为主要目标，不以保守或夺取城市和地方为主要目标。保守或夺取城市和地方，是歼灭敌人有生力量的结果，往往需要反复多次才能最后地保守或夺取之。（4）每战集中绝对优势兵力（两倍、三倍、四倍，有时甚至是五倍或六倍于敌之兵力），四面包围敌人，力求全歼，不使漏网。在特殊情况下，则采用给敌以歼灭性打击的方法，即集中全力打敌正面及其一翼或两翼，求达歼灭其一部、击溃其另一部的目的，以便我军能够迅速转移兵力歼击他部敌军。力求避免打那种得不偿失的、或得失相当的消耗战。这样，在全体上，我们是劣势（就数量来说），但在每一个局部上，在每一个具体战役上，我们是绝对的优势，这就保证了战役的胜利。随着时间的推移，我们就将在全体上转变为优势，直到歼灭一切敌人。（5）不打无准备之仗，不打无把握之仗，每战都应力求有准备，力求在敌我条件对比下有胜利的把握。（6）发扬勇敢战斗、不怕牺牲、不怕疲劳和连续作战（即在短期内不休息地接连打几仗）的作风。（7）力求在运动中歼灭敌人。同时，注重阵地攻击战术，夺取敌人的据点和城市。（8）在攻城问题上，一切敌人守备薄弱的据点和城市，坚决夺取之。一切敌人有中等程度的守备而环境又许可加以夺取的据点和城市，相机夺取之。一切敌人守备强固的据点和城市，则等候条件成熟时然后夺取之。（9）以俘获敌人的全部武器和大部人员，补充自己。我军人力物力的来源，主要在前线。（10）善于利用两个战役之间的间隙，休息和整训部队。休整的时间，一般地不要过长，尽可能不使敌人获得喘息的时间。”[①] 这十大军事原则阐明了人民战争的战略战术思想的一系列重要问题，其核心是打歼灭战，不断歼灭敌人的有生力量。十大军事原则既是人民解放军在同国内外敌人长期作战的经验中产生的，也是新的战争形势下的产物。它依据中国人民解放军转入战略进攻后取得的新经验，对如何解

①《毛泽东选集》第四卷，人民出版社 1991 年版，第 1247—1248 页。

决人民解放军转入战略进攻后面临的一系列新问题作出了明确而完整的论述。它的提出使人民解放军的作战指导思想更加系统化、理论化，是毛泽东军事思想在解放战争时期的重大发展。

在经济方面。由于解放战争在全国范围内的胜利已经在望，新中国的诞生已经为期不远，中国共产党需要在全国人民面前旗帜鲜明地宣布新中国的基本经济纲领。毛泽东在报告中指出："没收封建阶级的土地归农民所有，没收蒋介石、宋子文、孔祥熙、陈立夫为首的垄断资本归新民主主义的国家所有，保护民族工商业。这就是新民主主义革命的三大经济纲领。"[①] 报告进一步阐明了土地制度改革的重要性，提出了"依靠贫农，巩固地联合中农，消灭地主阶级和旧式富农的封建的半封建的剥削制度"的土地改革路线。这里出现的新的内容则是宣布没收垄断资本归新民主主义的国家所有，垄断资本也被称作官僚资本。中国共产党在过去很长时间内只提现阶段革命的主要对象是帝国主义和封建主义，没有提出没收官僚资本的问题。此次报告将没收官僚资本归新民主主义的国家所有规定为新民主主义革命的任务之一，是对党的新民主主义革命总路线的一个重要发展。对于民族资本主义经济，报告指出，在革命胜利后的一个长时间内，在整个国民经济中，还是不可缺少的一部分，还必须允许它们存在，并且按照国民经济的分工，使它们中一切有益于国民经济的部分有一个发展。毛泽东还阐明了新中国的经济构成和党对经济工作的指导方针。报告指出："新中国的经济构成是：（1）国营经济，这是领导的成分；（2）由个体逐步地向着集体方向发展的农业经济；（3）独立小工商业者的经济和小的、中等的私人资本主义经济。这些就是新民主主义的全部国民经济。而新民主主义国民经济的指导方针，必须紧紧地追随着发展生产、繁荣经济、公私兼顾、劳资两利这个总目标。一切离开这个总目标的方针、政策、办法，都是错误的。"[②]

---

①《毛泽东选集》第四卷，人民出版社 1991 年版，第 1253 页。

②《毛泽东选集》第四卷，人民出版社 1991 年版，第 1255—1256 页。

在政治方面。毛泽东在报告中重申《中国人民解放军宣言》提出的党的最基本的政治纲领。即“联合工农兵学商各被压迫阶级、各人民团体、各民主党派、各少数民族、各地华侨和其他爱国分子，组成民族统一战线，打倒蒋介石独裁政府，成立民主联合政府。”并指出，没有一个包括全民族绝大多数人口的最广泛的统一战线，革命的胜利是不可能的。

12月25日，正式会议开幕。毛泽东在这天上午的会议上讲话。他先从政治、军事、经济三个方面对当前形势的特点做了明确的判断。他指出，政治方面，人心动向变了，蒋介石孤立起来，群众站在我们方面；这个问题长时期内没有解决，内战时期我们比较孤立，抗战时期蒋介石逐渐失掉人心，我们逐渐得到人心，但问题仍没有根本解决，直到抗战胜利以后这一两年来才解决了这个问题。军事方面，蒋介石转入防御，我们转入进攻。经济方面，蒋介石的情形到了今年已经很严重；我们现在也困难，特别是山东、陕北两处，但我们的困难可以解决，根本上是我们有土地改革，蒋介石没有，而且我们的主力又打出去了。接着，毛泽东着重谈了统一战线问题。他指出，统一战线的原则是孤立敌人而不是孤立自己，在统一战线工作中既要反右，又要反左，才能划清界限，避免自己的孤立和失败。他还详细地列举了在对待美蒋、对待中间派、对待土改和整党工作等方面怎样做到既反左又反右。最后，毛泽东谈了国际形势中的若干问题，并将他在1946年4月起草的、当时只在中央少数人中传阅过的关于国际问题的一份文件印发给与会人员。

中央军委副主席兼代理总参谋长周恩来在会议的第二天作了军事形势的报告。他说：战争的第二年，各条战线无例外地转入主动。开始于七月的刘邓渡河，使南线形势根本改变。现在，南线不但是大别山，就是江汉、桐枣地区也已站住了脚。比小河会议时不同，敌已完全被动。敌二百四十八个旅中，受过歼灭或歼灭性打击的达到一百四十五个旅。地区则发展得更快。停战令时原有二百三十万平方公里，现已恢复，约占全国的百分之三十二。解放区人口现有一亿五千万。我军到十月份已发展到二百二十万以上，而敌人作战部队下降到二百五六十万。国民党现在在东北取守势，华北傅作义在挣扎，南线由顾祝同、白崇禧、胡宗南负责，是蒋的军事斗争中心。

12 月 27 日，任弼时在会上发言。经过会前一个时期的调查研究，综合了预备会议阶段多位与会人员的意见，任弼时就纠正土改运动中的“左”倾错误提出了系统的意见和建议。他说：消灭旧的土地制度，对于在抗日战争期间发展起来的党的组织是一件大事，党内党外都需要进行教育。现在，在运动已经起来的地方，在联合中农的问题上有些“左”，问题就是侵犯中农利益，认中农为富农，排斥中农，不吸收中农参加农会等。在群众运动中这是难免的，但领导上应及时注意。针对运动中业已出现的错误做法，任弼时提出了若干政策界限。由于中共中央已发布了划分阶级的标准，任弼时着重从财产处理、政治权利和斗争分寸等方面提出了区别界限时候应该注意的问题。

12 月 28 日会议闭幕。毛泽东作会议结论。他说：这次会议是很令人高兴的一个会，和洛川会议相似，都是在时局开展中召开的。我们同蒋介石之间的力量对比问题在今年发“二一”指示时还没有解决，到现在这个问题才解决。反对美帝国主义，打倒官僚资本，打倒封建制度，这三个目标是立得正确的。现在国际国内的形势都很明朗了，我们的战争胜利了，蒋介石孤立了，土改整党都上了轨道。因此我们这次会比今年七月小河村开的会有很大不同。毛泽东在讲话最后再次强调了他的这个极为重要的政治判断——我们同蒋介石的力量对比问题直到今年中央发“二一”指示时还没有解决，还准备退出延安，并且后来确实退出了，直到现在这个问题才解决了。二十年来没有解决的力量对比优势问题，今天解决了。毛泽东还说，这次会议通过了一篇文章（即《目前形势和我们的任务》——作者注），这篇文章可以估计为在打倒蒋介石时期起纲领性作用的。

十二月会议就人民解放军下一步战略方针做出决定，即“中国人民革命战争应力争不间断地发展到完全胜利，应该不让敌人用缓兵之机（和谈）获得休整时间”。此次会后，战争形势继续以最快的速度向着有利于人民解放军的方向发展。

三、十二月会议的意义和影响

十二月会议是在中国革命战争的历史转折关头召开的一次具有重大意义的会议，它初步回答了怎样打倒蒋介石和怎样建立新中国的问题，为“打倒蒋介石，建立新中国”在政治、军事、经济等方面都做了充分的准备，标志着中国共产党已经确定了夺取全国胜利的基本路线。会议讨论通过的毛泽东的《目前形势和我们的任务》报告系统阐明了中共在新民主主义革命时期的总路线，是中国共产党在打倒蒋介石反动统治集团、建立新民主主义中国的整个时期内在政治、军事、经济方面的纲领性文件，进一步丰富和发展了新民主主义理论，是毛泽东总结中共成立以来尤其是抗战以来正反两方面的经验教训，集中全党智慧得出的最新理论成果。

会后不久，《目前形势和我们的任务》公开发表，立即在国内外产生了很大的反响。国统区各阶层进步人士通过多种途径阅读、传播这个报告，人们从这个报告中进一步了解了中国共产党的政治主张，认清了中国革命胜利发展的趋势，更加把翻身得解放、建立新中国的希望寄托在中国共产党身上。中共中央则开始集中全力解决新形势下在土地改革、工商业、统一战线、整党以及新区工作等方面的各项具体政策和策略问题，反对党内存在着的“左”的倾向。经过各方面的政策调整，中国共产党的各项工作都走上了健康发展的轨道。1948 年年初，毛泽东十分自信地总结说：自日本投降后，特别是 1947 年这一年发生了根本的变化，可以说是一个伟大的事变，敌我双方的形势都有了根本的改变。以前只能讲“有利于我”，现在可以讲“胜利到手”。我们的优势已经确定了，这不是估计，而是事实。

后记

孙云

本书是分工协作、集体智慧的结晶。魏德平负责吴起镇会议（1935 年 10 月 22 日）、下寺湾会议（1935 年 11 月 2 日）、中共中央西北局高级干部会议（1942 年 10 月 19 日至 1943 年 1 月 14 日）撰写，肖娴负责瓦窑堡会议（1935 年 12 月 17 日至 25 日）、中央政治局扩大会议（1947 年 2 月 1 日）撰写，袁玉梅负责 1936 年 12 月两次中央政治局会议（1936 年 12 月 13 日；1936 年 12 月 19 日）、延安会议（1937 年 3 月 23 至 31 日）、全国苏区代表会议与全国白区工作会议（1937 年 5 月 2 日至 14 日；1937 年 5 月 17 日至 6 月 10 日）撰写，罗淑宇负责洛川会议（1937 年 8 月 22 日至 25 日）、中共扩大的六届六中全会（1938 年 9 月 29 日至 11 月 6 日）撰写，石培玲负责中共中央政治局十二月会议（1937 年 12 月 9 日至 14 日）、中共中央政治局三月政治局会议（1938 年 2 月 27 日至 3 月 1 日）撰写，范海龙负责 1941 年中共中央政治局扩大会议（1941 年 9 月 10 日至 10 月 22 日）、三月政治局会议（1943 年 3 月 16 日至 20 日）撰写，孙云负责中央政治局三次整风会议（1943 年 9 月 7 日至 10 月 6 日；1943 年 11 月 13 日至 27 日；1944 年 2 月下旬至 5 月中旬）、党的六届七中全会（1944 年 5 月 21 日至 1945 年 4 月 20 日）撰写，殷一博负责中国共产党第七次全国代表大会（1945 年 4 月 23 日至 6 月 11 日）、中央政治局扩大会议（1945 年 8 月 23 日）撰写，方海兴负责小河会议（1947 年 7 月 21 日至 23 日）、中央十二月会议（1947年12月25日至28日）撰写，本书责任主编孙云负责统筹、统稿、校对及其他相关事宜。

在本书的撰写过程中，我们参阅和吸纳了学界许多研究成果，谨此说明并致谢忱。同时还得到了陕西师范大学马克思主义学院、陕西人民出版社相关领导的大力支持，陕西人民出版社的编辑从本书的策划到送审、出版都付出了巨大辛劳，在此一并感谢。当然，囿于时间仓促、水平所限等原因，本书仍存在着一些不足、缺陷乃至错谬，敬请各位读者批评指正！

2024年10月于陕西师范大学